LES
BRONZES D'OSUNA.

REMARQUES NOUVELLES,

PAR

M. CHARLES GIRAUD,

MEMBRE DE L'INSTITUT.

PARIS.

IMPRIMERIE NATIONALE.

M DCCC LXXV.

LES

BRONZES D'OSUNA.

L. LAROSE, LIBRAIRE-ÉDITEUR,
22, RUE SOUFFLOT.

LES

BRONZES D'OSUNA.

REMARQUES NOUVELLES,

PAR

M. CHARLES GIRAUD,

MEMBRE DE L'INSTITUT.

PARIS.

IMPRIMERIE NATIONALE.

M DCCC LXXV.

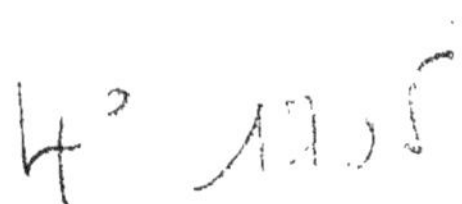

LES

BRONZES D'OSUNA.

REMARQUES NOUVELLES[1].

La découverte des bronzes d'Osuna, dont nous avons publié le texte, avec un court commentaire (mai 1874), a soulevé diverses questions touchant l'organisation militaire dans l'empire romain et l'étendue des attributions des municipes en ce qui concerne leur participation à la défense publique. On a même soupçonné un lien d'affinité entre la loi coloniale d'Osuna et la loi municipale de Jules César; et spécialement on s'est demandé si le tribunat militaire de la république romaine ne s'était pas perdu dans les offices municipaux de l'empire. L'épigraphie aurait, à cet égard, dit-on, des révélations à faire à l'histoire? Pour traiter avec ordre une matière si vaste, et compliquée de tant de détails, il nous a paru qu'il fallait d'abord jeter un coup d'œil général sur la constitution de la puissance militaire à Rome, sous la république, et sur ses vicissitudes ultérieures, jusqu'à l'établissement définitif du pouvoir impérial, à la mort d'Auguste. Les questions particulières viendront ensuite se grouper naturellement, après une exposition préliminaire et rapide de la composition des armées romaines et de la distribution de la police de sûreté dans l'empire.

CHAPITRE PREMIER.

DE L'ORGANISATION DE L'ARMÉE ROMAINE ET DE SES RÉVOLUTIONS.

L'histoire de l'organisation militaire des Romains n'est autre chose que l'histoire de la grandeur de Rome et de la fusion des peuples sous

[1] Voy. pour la découverte des bronzes, et le texte accompagné de commentaires, le *Journal des Savants*, mai 1874; et pour les *Remarques nouvelles*, voy. *ibid.* avril, mai, juin, juillet et septembre 1875.

sa loi. Comment Rome a-t-elle assujetti l'univers et comment le monde subjugué a-t-il fait de l'acquisition du droit de cité l'objet de son ardente ambition? Tel est le problème que présente l'histoire romaine au lecteur attentif et réfléchi. Le secret en est dans la constitution romaine elle-même. Simple commune d'abord et gouvernée par un chef électif et viager, puis par des consuls annuels, Rome s'est élevée, grâce à l'esprit de suite de son administration, à la suzeraineté de toutes les cités ou municipes qui couvraient alors l'Italie, ensuite et de proche en proche à la domination du monde connu. La force militaire a été l'instrument de cette élévation. C'est par elle que Rome est graduellement arrivée à cette concentration de puissance où tant de peuples ont perdu leur autonomie et leur personnalité politique; c'est par elle que l'humanité primitive de l'Occident européen a été jetée comme dans un moule nouveau, usé à son tour par d'odieux abus du pouvoir militaire et par l'ineptie de chefs d'empire dégénérés. Mais de ce moule l'empreinte indestructible est encore reconnaissable dans les formes administratives et dans la direction morale de la société moderne.

Le Romain a été le peuple le plus grave, le plus tenace et le plus discipliné de l'ancien monde. Son esprit sérieux était uniquement tourné vers les grands desseins politiques; mais son génie s'est montré surtout profond et avisé dans sa constitution politique. Nulle part, dans l'histoire, on ne rencontre un instrument d'action mieux approprié à son but[1]; et ces bases du gouvernement romain étaient si bien choisies, si fortement établies, qu'elles purent résister, pendant dix siècles, aux nombreuses révolutions dont la vie sociale a été le théâtre inévitable, partout et en tout temps. Les petits rois de Rome se brouillèrent avec l'aristocratie, qui les chassa et se passa d'eux pour gouverner l'État, en héritant de leur pouvoir et de leurs ordonnances. Le règne de cette aristocratie eut son tour de décadence, et l'empire des Césars, né de l'épuisement de l'aristocratie autant que de l'anarchie démocratique, put continuer encore pendant longtemps le mouvement ascensionnel de la puissance romaine, organiser admirablement l'administration de l'univers et conserver la domination du monde à la ville éternelle. Aussi n'est-ce point le détail de la tactique militaire des Romains que je veux analyser ici, mais plutôt le caractère politique de leur milice et les traits principaux de ses variations selon les temps.

La constitution sociale des Romains fut tout à la fois civile et mili-

[1] Voy. les belles pages de Montesquieu, dans sa *Grandeur des Romains*, chap. I. II et suiv.; et Huschke, *Die Verfassung des Königs Servius Tullius*, p. 423 et suiv.

taire, et ce caractère a persisté jusque dans les dernières transformations de leur empire. Tout citoyen était soldat, tout soldat était citoyen, et l'un se confondait perpétuellement avec l'autre, quoique la séparation du pouvoir civil et du pouvoir militaire y fût profondément marquée. L'armée fut d'abord composée des *gentes*, ou clans antiques, avec leurs chefs en tête. Le roi Servius Tullius substitua l'aristocratie de fortune à l'aristocratie de race, en laissant toutefois subsister les prérogatives de celle-ci. Les registres du cens s'identifièrent alors avec la matricule de l'armée[1], et le service des armes fut corrélatif à la distribution des droits politiques. L'*exercitus*, c'était le peuple même réuni pour voter au champ de Mars; comme jadis les nobles Polonais à leur diète, il se rendait en armes à ses comices. Une partie stationnait dans la citadelle, pendant que l'autre se rendait au scrutin, et c'est pour cela que les droits politiques s'exerçaient hors de l'enceinte[2]. En campagne, le citoyen apte au service était classé, armé, selon le rang de fortune que le cens lui attribuait. Le service fut pendant longtemps gratuit, et il resta obligatoire pour tous les citoyens valides, de dix-sept à quarante-cinq ans, comme dans la *Landwehr* moderne. De quarante-cinq à soixante ans, le citoyen romain était encore engagé au service, à titre de réserve. A ne voir que cette constitution primitive, aux mains d'une aristocratie habilement organisée, toujours en haleine et toujours militante, par expédient comme par nécessité, on pouvait prédire aux petits peuples avoisinant la cité romaine le sort qui leur était réservé. On est même étonné que ces peuples aient laissé si souvent Rome se remettre de ses défaites et réorganiser ses forces, après ses désastres, sans se liguer fortement contre une puissance si menaçante pour leur liberté[3]. Ils ne s'en avisèrent que fort tard et quand il n'était plus temps. Ce double carac-

[1] « Hoc scriptum est, dit Aulu-Gelle, « cum ex generibus hominum suffragium « feratur, *Curiata comitia* esse; cum ex « censu et ætate, *Centuriata;* cum ex re- « gionibus et locis, *Tributa. Centuriata* « autem comitia intra pomœrium fieri « nefas esse, quia exercitum extra urbem « imperari oporteat : intra urbem impe- « rari jus non sit; propterea Centuriata « in Campo Martio haberi, exercitumque « imperari præsidii causa solitum : quo- « niam populus esset in suffragiis feren- « dis occupatus. » (Cf. *hic* les notes de Gronovius et de Conradi sur ce texte, édit. de 1762, pag. 303 et suiv. tom. II; Denys d'Halic. liv. IV, et Beaufort, *Repub. rom.* I, pag. 213, in-4°.)

[2] Voy. dans Brisson, *De formulis*, pag. 124 de l'édit. de Conradi, 1731, in-fol. les formules de l'appel aux comices, qui sont les mêmes que celles de l'appel aux armes.

[3] Beaufort en a fait la remarque avec beaucoup de sagacité, *loc. cit.* I, p. XXIX et XXX. Cf. les observations judicieuses de Saint-Évremond dans les *Réflexions sur les div. génies du peuple rom.* chap. II, III et V, t. II de mon édit.

tère, civil et militaire, se manifeste autant dans les lois que dans les habitudes des Romains. Le droit prétorien lui emprunta son autorité. L'*imperium* des jurisconsultes n'est que le droit de justice militaire, absolu dans le camp, tempéré dans la cité par la souveraineté populaire.

Jusqu'à l'époque des guerres civiles, le service militaire fut donc, à Rome, non pas une charge, mais une prérogative du citoyen. L'obligation du service était restreinte aux citoyens inscrits au cens pour une somme déterminée. On ne confiait point d'armes à ceux qui n'offraient aucune responsabilité à la république; leur usage était réservé, dit Gibbon, à cette classe de citoyens qui avaient une patrie à glorifier, un patrimoine à défendre, et qui, participant à l'établissement des lois, trouvaient leur intérêt, comme leur devoir, à les faire respecter. Le service militaire passait avant toutes les autres obligations du citoyen, et primait toutes les aptitudes civiles. Nul ne pouvait arriver aux charges de magistrature, du temps de Polybe, s'il n'avait fait au moins dix campagnes. On se préparait dans les camps au maniement des affaires publiques; c'est pourquoi les nobles envoyaient à la guerre leurs enfants, encore en bas âge, en les attachant à la personne des généraux de leurs amis, et gagnaient ainsi quelques années, pour les rendre plutôt capables de remplir les emplois publics. Mais un plébiscite provoqué par C. Gracchus mit fin à cet abus en fixant à dix-sept ans l'entrée au service militaire[1]. On pouvait être appelé jusqu'à quarante-cinq ans, si, à cet âge, on n'avait pas fourni dix ans de service dans la cavalerie, ou seize ans, quelquefois vingt ans, dans l'infanterie.

Le caractère distinctif du monde antique se produit, à Rome, sous sa forme la plus saisissante. La vie publique était tellement alors dans les mœurs et dans le droit de chacun, que l'armée elle-même reflétait l'image de l'assemblée souveraine qui réglait les destinées civiles de la cité. Il arriva plus d'une fois que le consul, en plein camp, convoqua ses soldats en assemblée du peuple : pensée qui fut excellente en son principe, et dans les premiers siècles, mais dont l'application fut si fatale à la liberté, lorsque la composition des assemblées publiques et de l'armée fut profondément modifiée, comme nous le verrons plus tard. Personne n'ignorait ainsi, chez les Romains, les nécessités, les ressources et la discipline de la vie militaire, et ceux à qui l'élection devait ensuite confier la direction des affaires apprenaient dans le métier des armes le dévouement à la règle et à la patrie, en même temps qu'ils

[1] Plut. *C. Grac.* v; *Tib. Grac.* xvi. — Val. Max. I, I, I.

acquéraient l'ascendant que donnent des qualités supérieures à l'homme privé sur ses semblables.

Le recrutement militaire s'opérait de plusieurs manières. La plus régulière et la plus habituelle se nommait *delectus*, le choix, ou *delectus legitimus*. Il fallait un ordre du Sénat pour y procéder, c'était ordinairement au mois de mars de chaque année qu'il avait lieu. L'opération était présidée, au Forum, ou au Champ de Mars, par le consul ou préteur, qui devait commander l'armée. Tous les appelés devaient répondre, à peine d'être poursuivis comme déserteurs, *tenebriones*, et ils subissaient une visite qui constatait leur aptitude. Le rôle des propres au service étant dressé, leur destination ultérieure était indiquée pour une autre réunion dans laquelle s'accomplissait la solennité du serment. Ce serment était renouvelé plus tard dans le camp avec des formes redoutables; il liait l'inférieur à ses chefs. Le soldat jurait un complet dévouement au salut de la patrie : *omnino pro republica se esse facturos;* il promettait entière obéissance aux ordres de son supérieur, *omniaque facturos quæ is præciperet;* il s'engageait à ne quitter le service qu'après le congé de son général : *nec recessuros nisi præcepto consulis*[1]. Sous l'*empire*, une clause nouvelle fut ajoutée, à savoir que l'intérêt de l'empereur passerait avant toute autre considération dans l'esprit du soldat : *se imperatoris salutem omnibus potiorem esse habituros.* Pour quiconque connaît la religion du serment chez les anciens, ses effets sur la discipline seront compris facilement.

Une seconde espèce de levée s'appelait du nom de *tumultuaria*, ou *subitaria;* c'était une sorte de *Landsturm*, la levée en masse, en cas de péril extrême, de tous ceux qui pouvaient porter les armes. On la nommait aussi *conjuratio*, parce que le serment s'y prêtait en commun, par acclamation. Ceux qui n'étaient pas inscrits au cens pour la somme requise, ne pouvant servir dans l'armée de terre, étaient employés dans le service maritime, où des travaux plus pénibles étaient nécessaires. Telle était la pratique au temps de Polybe; quant aux prolétaires et aux *capite censi*, l'impossibilité où ils étaient de s'entretenir à leurs frais, en campagne, avait motivé leur dispense ou leur exclusion du service. Du mot *delectus* ou de *legere*, lever, choisir, venait le mot de *légion*, qui représentait la nation ou la tribu armée.

Selon Varron et Plutarque, la légion romaine fut, à son origine, composée de 3,000 fantassins, nombre qui répondait à celui des trois tribus primitives. Varron prétend même que de ce nombre de mille,

[1] Voy. Lange, *Histor. mutationum rei militaris*, etc. 1846, in-4°, p. 12.

venait le mot de *miles*, ce qui est une étymologie fort contestable. Un roi de Rome porta la légion à 4,000 hommes de pied, et ce fut encore d'après l'analogie avec la tribu, car à ce roi (Servius) est due l'institution de la quatrième tribu. Ces quatre premières légions jouirent toujours à Rome d'une considération particulière, même après l'augmentation de leur nombre. Le chiffre de 4,000 à 4,200 hommes paraît avoir été maintenu jusqu'à la seconde guerre punique[1]. Il y faut ajouter les contingents fournis par les municipes alliés ou soumis, lesquels étaient placés sous le commandement d'officiers romains, et complétaient l'effectif de l'armée en campagne. Au temps de la dictature de Camille, vers le milieu du IVe siècle de la ville, Rome avait mis en campagne dix légions de 4,000 hommes chacune. Mais, à partir de la bataille de Cannes, Tite-Live et Polybe nous apprennent que la légion fut portée à 5,000 ou 5,200 fantasssins, nombre qui demeura ainsi fixé jusqu'au temps de Marius, lequel éleva la légion à 6,000 hommes, ce qui fut le dernier terme de son accroissement jusqu'à la fin de l'empire. Indépendamment de ce nombre de fantassins, chaque légion avait l'attache d'un corps de cavalerie de 300 hommes environ; tel était le cadre normal indiqué par les auteurs anciens. Il va sans dire que les nécessités de la guerre ou des circonstances particulières pouvaient modifier ces divers chiffres[2].

Ainsi la légion romaine, en son dernier état, équivalait à peu près à la force d'une de nos brigades d'infanterie. Elle était composée de diverses armes et de différentes qualités de soldats, correspondants, selon les aptitudes militaires, aux diverses classes du cens; les uns armés de hastes ou de piques, et pour cela nommés *hastati*, qu'ils gardèrent même après qu'à leur pique on eût substitué le javelot, *pilum*. Ils formaient la première ligne et comptaient environ 1,200 hommes. Après eux venait un bataillon pesamment armé, occupant le centre du corps de bataille, en nombre égal aux *hastati*, et qu'on nommait les *principes*, comme formant le principal appui de la légion. Ils étaient suivis d'une sorte de réserve de vieux soldats, qu'on appelait *triarii*, composant l'arrière-garde. Sur les flancs, en queue, ou dans les intervalles qui sépa-

[1] «Tota legio, millia hominum quatuor,» dit Tite-Live, XXVIII, XXVIII, à propos de la révolte de l'an 546.

[2] Touchant la composition de la légion, voyez le deuxième Mémoire de Le Beau, dans le tome XXV des *Mémoires de l'Acad. des inscript. et belles-lettres.* On ne saurait trop apprécier ces belles études du savant académicien sur l'état militaire des Romains, malheureusement répandues dans un trop grand nombre de volumes de la célèbre collection académique.

raient les corps indiqués, se glissaient, sous divers noms, des troupes légères dont la destination était de harceler l'ennemi ou de l'attaquer soudainement. Plus tard, une infanterie volante, connue sous le nom de *velites*, s'adjoignit à ces premiers bataillons. La légion entière se partageait en dix cohortes; chaque cohorte comptait trois manipules; chaque manipule deux centuries, et chaque centurie dix décuries. Chaque centurie avait un drapeau. L'étendard de la cohorte avait la forme d'un dragon. Une aigle était le signe distinctif de la légion. La légion en ordre de bataille présentait donc dix colonnes ou cohortes, composées chacune d'un nombre proportionné de soldats pris dans les diverses armes de la légion. La cavalerie était en queue, quelquefois sur les flancs. En somme, le cadre normal de la légion, chez les Romains, paraît avoir été de 5,500 soldats, *gregarii;* de 550 sous-officiers, *decani,* et de 50 centurions, dont 5 étaient supérieurs aux autres. L'ordonnance fondamentale reposait sur le manipule[1]. Le commandement des légions et des cohortes était confié à des *præfecti*, à des *legati* ou à des *tribuni*, qui, selon les temps ou les circonstances, ont exercé une autorité plus ou moins prépondérante.

Le *tribunus militum* était originairement le commandant de la tribu armée en guerre : *tribunus a tribu*, comme il est écrit partout. La tribu armée, c'était la légion. Le commandement en était alors temporaire, à courte échéance (comme la magistrature supérieure du chef d'expédition dont il relevait), mais fort important par son objet et par son influence politique, car le tribun militaire exerçait à Rome même une police magistrale; ce qui le rendit de très-bonne heure l'objet de la jalousie républicaine et des convoitises de l'ambition. Sa désignation fut pendant longtemps dans les attributions des consuls ou autres commandants supérieurs, responsables envers l'État du succès de l'expédition. Mais de bonne heure la méfiance avait tempéré le pouvoir des chefs d'armée à ce sujet, et il s'était établi que la légion serait commandée par plusieurs tribuns, alternant l'un avec l'autre et équilibrant ainsi par le nombre, comme les autres magistratures romaines, les effets dangereux d'une autorité militaire concentrée. Polybe, qui nous révèle des détails curieux à cet égard, nous apprend que, de son temps, il y avait six tribuns militaires par légion, chacun commandant à tour de rôle, et ordinairement pendant deux mois. Mais la division du commandement dans la légion ne parut point avec le temps une garantie suffisante. Profitant de certaines difficultés de situation, le parti plé-

[1] Voy. de Boissieu, *Inscrip. antiq.* de Lyon, 1846, in-fol.

béien avait d'abord demandé et obtenu la participation de la *plebs* aux honneurs du tribunat militaire, comme il avait obtenu la participation au consulat. Ce ne fut pas tout, et la démocratie romaine exigea que le tribunat militaire fût, au moins pour une part, conféré par la voie de l'élection dans les comices par tribu. Cet événement important s'accomplit l'an 394 de Rome, Tite-Live en est témoin[1]; et depuis lors ce fut une lutte constante entre le tribunat électif, soutenu par l'intrigue et par l'esprit de faction, et le tribunal délégué, ayant pour appui les nécessités du service public et l'intérêt suprême de l'État : le suffrage populaire n'ayant pas toujours les moyens de s'éclairer, et d'ailleurs la passion privée l'emportant souvent sur le bien public.

Le patriciat atténua dans la pratique ce que la délibération démocratique avait de fâcheux et de nuisible; mais une nouvelle résolution populaire de l'an 443 de Rome remit en vigueur la loi de l'an 394; il fut derechef décidé que les seize tribuns des quatre légions seraient créés dans les comices[2]. On vécut ainsi pendant un siècle. Advenant la guerre de Macédoine, les généraux déclarèrent qu'ils ne pouvaient pas diriger l'entreprise romaine, dans les conditions de la coutume établie, l'intrigue et l'incapacité ayant envahi le commandement des légions; et Tite-Live rapporte encore que l'an 581 il fut résolu, *propter Macedonicum bellum,* que les tribuns militaires ne seraient point choisis cette année par le suffrage populaire, *sed consulum prætorumve, in iis faciendis, judicium arbitriumque esset*[3]; on imposa seulement aux consuls l'obligation de porter leur choix sur des hommes d'expérience. Mais ce sursis ne fut pas de longue durée, et le peuple reprit bientôt l'élection des tribuns militaires. Le service public en souffrant évidemment, le sénat fit adopter une transaction d'après laquelle, sur les huit légions qui composaient alors l'armée romaine, le peuple et les consuls éliraient chacun un nombre égal de tribuns militaires[4]. Ce partage fut-il de durée? On le présume. Ce qui est assuré, c'est que les tribuns élus affectaient la primauté sur les tribuns délégués, la faveur publique s'attachant naturellement à l'élection. Aussi voyons-nous que Marius, qui avait acquis déjà de la notoriété, sous le commandement de Métellus, en Afrique, quitta le théâtre de la guerre pour venir briguer à

[1] Tite-Live, VII, v. «Eo anno primum placuit tribunos militum ad legiones suffragio fieri, nam et antea... imperatores ipsi faciebant.»

[2] «Tribuni militum seni deni in quatuor legiones a populo crearentur, quæ antea perquam paucis suffragio populi relictis locis, dictatorum et consulum fuerant beneficia.» (Tite-Live, IX, xxx.)

[3] Tite-Live, XLII, xxxi et xlix.

[4] Tite-Live, XLIII, xii; XLIV, xxi.

Rome le tribunat militaire; et Salluste rapporte la chose en des termes qu'il faut remarquer, parce qu'on y trouve l'origine de la contraction grammaticale, ou de la dénomination, sous laquelle ces tribuns élus furent désormais connus, *tribuni militum a populo*[1]. L'écrivain militaire Frontin emploie la même locution[2]. Un scholiaste de Cicéron appelle aussi ces tribuns *comitiati*, nommés par les comices. Il est seul à rapporter cette locution.

Mais à de nobles vertus civiques, qui honorent l'humanité, se mêlait, dans ces anciens temps, la barbarie qui en obscurcit le mérite. La guerre alors mettait en question la liberté personnelle et la propriété territoriale des vaincus. Elle aboutissait à l'extermination, quand elle était poussée à la rigueur. Or, le génie du peuple romain étant rustique autant que farouche, l'appât des terres confisquées excitait les riches, l'appât du butin séduisait les pauvres. Le patricien, le cavalier, rentraient à Rome, après la campagne, pour se rendre adjudicataires ou fermiers des terres conquises, et le citoyen moins riche rapportait la part qu'il avait eue dans la *præda bellica* : vente d'esclaves, argent, meubles précieux capturés. La guerre devenait une industrie, autant qu'un expédient politique, et les convoitises privées s'accommodaient avec les passions publiques : *hæ tibi erunt artes*. Les consuls, dit Montesquieu, n'ayant qu'un an à passer au pouvoir, étaient obligés de concentrer leur ambition dans cette courte période, et le peuple, sans commerce et sans arts, trouvait à s'enrichir par les réquisitions ou par la distribution du butin. Le caractère naturellement avide et intéressé des Romains y obtint des satisfactions. Par contre, les effets terribles de la guerre et de la conquête provoquèrent des soumissions prudentes, des pactes internationaux, et des reconnaissances de suzeraineté, qui facilitèrent l'extension de la domination romaine. D'autre part, l'ignorance de la poliorcétique et le peu de durée des campagnes annuelles permettaient de prolonger les résistances. Ainsi le siége de Véïes dura dix ans. Ce fut l'époque d'un progrès dans l'art militaire, et de l'introduction de la paye dans l'armée. Cette institution de la solde fut accueillie avec acclamation par les classes inférieures; Tite-Live[3] en a le témoignage

[1] « Tribunatum militarem a populo « petebat. » (Salluste, *Jugurtha*, LXVII.) Ces contractions étaient familières aux Romains. « Amat a lenone hic, — ubi « sunt qui amant a lenone ? » dit Plaute, en divers endroits.

[2] « Tribunus militaris a populo factus. (*Stratagemat.* II, IV.) — « Duces a po« pulo, non a militibus creari solerent. » (Val. Max. II, VII, 15. Voy. la dissertation de M. L. Renier sur l'*A militiis*, dans ses *Mélanges épigraphiques*)

[3] Voy. *Tite-Live*, IV, LIX et LX.

palpitant. Peu à peu Rome, toujours en guerre, par principe de gouvernement, acquit à la fois plus de connaissances dans l'art militaire, surtout dans sa lutte contre Pyrrhus, et trouva plus de profits à satisfaire une passion nationale. Sa puissance fit de tels progrès, qu'elle fut bientôt en état de porter ses vues ambitieuses au delà de la terre ferme italique. Il faut lire, dans Saint-Évremond, le tableau judicieux de ces rapides progrès, qui furent suivis d'une inévitable révolution dans le système militaire des Romains, et de l'institution des colonies, source nouvelle d'agitations intestines, et d'affermissement de puissance extérieure.

Marius a été le principal promoteur de ce changement important dans l'organisation des armées romaines. Rome ayant été entraînée dans les guerres extra-italiques, le système séculaire du recrutement et de la composition de l'armée était devenu insupportable pour la population romaine d'abord, ensuite pour ses alliés italiens eux-mêmes, assujettis à fournir des contingents considérables à la république romaine (*auxilia*). Ils demandaient des concessions qu'on ne voulait point accorder. Le patriciat eut le tort de s'obstiner au refus des réformes, et le parti populaire eut le tort de les poursuivre avec imprévoyance et passion. Il en fut de cela comme des lois proposées par les Gracques. La cause était bonne, le patronage était suspect; le patronage ayant changé, les réformes furent accomplies, au grand profit de la république. En effet les grandes guerres de Rome, au VIIe siècle, avaient rendu l'ancien système impraticable. Le patriciat, s'étant engagé dans des guerres qui favorisaient sa politique de domination, dut en subir les conséquences. Au VIe siècle de Rome, ces guerres lointaines et permanentes avaient déjà épuisé la population romaine dans ses couches les plus robustes, les plus élevées et les plus attachées à la constitution nationale. Le métier des armes était à charge à beaucoup de ceux que leur condition sociale appelait forcément au service, et pesait lourdement sur la portion active et riche du peuple. L'élite seule conservait le feu sacré du patriotisme et de la noble ambition.

A cette disposition d'esprit se joignaient des nécessités issues de circonstances nouvelles. On ne pouvait plus faire la guerre en Afrique, contre les Numides; dans les Gaules, contre des masses barbares, comme on l'avait faite jadis dans les vallons de l'Étrurie ou dans les campagnes du Latium, aux portes de Rome. Indépendamment de la tactique qui devait changer, la consommation d'hommes qu'entraînait la guerre était bien différente d'autrefois; ce fut au milieu de cette transformation des choses que se produisit Marius, génie militaire de premier ordre, soldat de fortune, élevé par son mérite, en face d'une aristocratie qui ne suffisait plus à sa tâche; médiocre politique, il est vrai, esprit grossier et chagrin, plus enclin à exciter les passions de la foule que propre à les diriger, il sauva pourtant la république par la guerre dans des moments critiques; mais il eût été probablement incapable de la conduire dans la paix, si le sort avait favorisé sa fortune dans sa lutte avec l'aristocratie romaine. Il avait commencé sa réputation en Afrique, dans la guerre de Numidie. Ce fut là qu'il conçut l'idée de la substitution de la cohorte au manipule, dans l'ordonnance élémentaire de la légion. Le front du manipule, dans la légion, n'était que de douze hommes; il laissait des intervalles trop favorables à l'irruption d'ennemis agiles et hardis, et présentait un front de bataille trop peu imposant pour être conservé dans l'action. Marius donna soixante hommes au front de la cohorte, et la raison stratégique se trouva d'accord avec la raison politique pour la substituer au manipule. Avec la cohorte il put former des carrés, comme ceux de nos batailles d'Égypte.

Je signalerai, à cet égard, une note intelligente fournie au président de Brosses[1] par un officier français fort instruit, qui a montré qu'on ne devait pas prendre à la lettre le témoignage de Tite-Live (XXII, v, XXVII, XLI), lorsque cet historien semble affirmer que la cohorte était un cadre réel, avant Marius. Cet officier pense avec raison que les historiens latins du VIIIe siècle se sont servis des dénominations usitées de leur temps, pour faire connaître les événements antérieurs. Tite-Live en effet emploie le mot de cohorte dès les premiers livres de son histoire. Salluste tombe dans le même défaut, lorsqu'il parle des *turmes* et des cohortes de Jugurtha. Mais les changements dans la tactique dont Marius fut l'auteur sont peu de chose en comparaison de la révolution qu'il opéra dans le recrutement de l'armée. Pour l'entretien des légions, il avait fallu abaisser graduellement le cens des citoyens appelés au service militaire. Au temps où vivait Polybe, le cens primitif de 10,000 as était déjà réduit à 4,000. Bientôt il descendit à 1,500, au rapport d'Aulu-Gelle (XVI, x), ce qui ouvrit l'accès de la *militia* aux *proletarii*. Cicéron nous apprend lui-même[2] qu'on comptait à peine 2,000 possesseurs de terre dans la population urbaine de Rome: ainsi le proclamait un tribun : « non esse in republica duo millia qui rem haberent; » et cela pendant que quelques citoyens avaient acquis des fortunes prodigieuses; c'est dans ces conditions sociales qu'il fallait pourvoir aux nécessités politiques, et aux besoins de la guerre d'ou dépendaient le salut et

[1] *Hist. de la répub. rom.* I, p. 98. — [2] Cicéron, *de Officiis*, II, 21.

l'existence de la république. Le génie démocratique de Marius y pourvut, par des procédés violents, mais qui sauvèrent l'État. Il offrit à ceux qui jadis en étaient exclus la condition des armes comme une carrière lucrative, et, nommé consul, en 646, il recruta l'armée qu'on devait opposer à Jugurtha, « non more majorum, neque ex classibus, sed « uti cujusque lubido erat, capite censos plerosque[1]. »

C'était depuis longtemps parmi les peuples *socii* de l'Italie, parmi les *provinciaux* de toute condition, en un mot parmi les vassaux ou les sujets de Rome que se recrutaient, du moins en grande partie, l'armée romaine et ses troupes auxiliaires. Il faut se souvenir qu'on était soumis de diverses manières à l'*imperium romanum*, qui a été un fait politique, avant d'être un fait géographique. On était incorporé dans l'empire romain d'une manière absolue, par la soumission sans réserve, après avoir subi la défaite et la conquête. Les peuples classés dans cette condition se nommaient *dedititii;* la volonté du vainqueur était la loi suprême de ceux qui s'étaient ainsi rendus à discrétion[2]. Ils perdaient la liberté personnelle, le domaine public et la propriété privée. On pouvait encore être rangé sous la puissance romaine par le droit des traités, et il y avait divers degrés dans les situations déterminées par ces contrats publics internationaux. On distinguait les *amici*, les *socii*, les *fœderati*.

Le peuple *amicus* avait traité d'égal à égal; il était l'ami, non le vassal des Romains : « æquo fœdere in amicitia venit, » dit un jurisconsulte[3]. Quant aux *socii* et aux *fœderati*, leur entrée contractuelle dans l'alliance du peuple romain était marquée par des conditions qui différaient entre elles; mais elle avait, en général, cela de commun qu'ils avaient également reconnu la prééminence du peuple romain, tout en conservant leur autonomie; ils avaient traité *impari fœdere.* Leur vasselage s'établissait par cette formule : *ut is populus majestatem populi Romani comiter observaret;* c'est le même jurisconsulte qui nous l'apprend; et il en donne ce commentaire : *hoc enim adjicitur, ut intelligatur alterum populum superiorem esse, non ut intelligatur alterum non esse liberum.* Telle était donc la forme par laquelle on se soumettait à la suzeraineté romaine. Les *socii* comme les *fœderati* étaient dans la clientèle du peuple romain. L'analogie de leur condition avec celle des anciens *clientes* est nettement exprimée par le même texte. Le peuple *socius* était de condition meilleure, le *fœderatus* était soumis à plus d'as-

[1] Salluste, *Jugurtha*, LXXXVI.

[2] Voy. Polybe, qui définit admirablement cette condition, XXXVI, II; Gaius, *Comment.* I, § 14 et suiv., n'en a gardé qu'un souvenir restreint à l'esclavage, mais très-exact au fond.

[3] Proculus, au fr. VII, § 1, *Dig.* XLIX, 15, *De captivis et postliminio.*

sujettissement; mais tous deux conservaient la liberté, la propriété, participaient même quelquefois, par le *commercium* isolé, ou bien par le *commercium* et le *connubium* réunis, à la jouissance de la *civitas*, au point de vue purement civil. Quelques municipes étaient plus favorisés encore par l'admission au *suffragium* et aux *honores*. La variété des traités graduait les conditions politiques et civiles.

Ainsi le peuple *amicus* n'était point assujetti à l'*imperium romanum;* le *socius* et le *fœderatus* y étaient soumis, quoique en gardant leur liberté administrative et municipale, et en recevant, à certain degré, communication de la *civitas*[1]. Les deux points sont bien marqués dans le *pro Balbo* de Cicéron : Prenez garde, dit-il, que, dans le traité avec le peuple de *Gades*, on a mis un article qui n'est pas dans tous les traités : « *majes-« tatem populi romani comiter conservato.* Id habet hanc vim ut sit ille in « fœdere inferior . . . . . . Cum alterius populi majestas conservari ju-« betur, certe ille populus in superiori conditione causaque ponitur[2]; » et Cicéron proclame l'excellence de la politique romaine dans cette combinaison de la supériorité du suzerain avec l'autonomie du vassal et avec sa participation même à la *civitas*[3]; le *socius* n'était assujetti qu'en ce qui touche les relations extérieures, la fourniture des contingents, quelquefois des subsides; sur ce point important, il devait obéissance et fidélité, Tite-Live en a un texte formel[4]. Quant à la condition inférieure de quelques *fœderati*, Cicéron nous en fournit de remarquables exemples[5]. Les *socii* et les *fœderati* étaient donc, à vrai dire, compris dans l'empire romain. En vertu de leur reconnaissance de la *majestas romana*, ils devenaient sujets.

Une condition intermédiaire entre les *dedititii* et les *socii* était celle des *provinciæ*, dans lesquelles la rigueur du droit de conquête avait sup-

[1] Voy. Wasteau, *De jure munic.* p. 240 et suiv. dans le *Trésor* d'OEl-richs, vol. II, t. 2.

[2] Cicéron, *pro Balbo*, XVI, 35 et 36, Nobbe.

[3] *Pro Balbo*, XIII, 7 : « Quibus ex civi-« tatibus, nec coacti essent civitatem mu-« tare, si qui noluissent, nec si qui es-« sent civitatem nostram . . . consecuti, « violatum fœdus eorum videretur, . . . « illud maxime nostrum fundavit impe-« rium. »

[4] « Conditiones pacis . . . fuerunt « hæc : *Imperium majestatemque populi « romani gens Ætolorum conservato sine « dolo malo.* Ne quem exercitum qui ad-« versus socios amicosque eorum duce-« tur, per fines suos transire sinito : « neve ulla ope juvato. Hostes eosdem « habeto quos populus romanus, arma-« que in eos ferto, bellumque pariter « gerito, etc., etc. » Tite-Live, XXXVIII, XI : « His legibus fœdus ictum cum Ætolis « est. » Voy. aussi le jurisconsulte Scævola au fr. IV, *Dig.* XLVIII, 4 : texte important à consulter.

[5] « Quædam fœdera exstant . . . . quo-« rum in fœderibus exceptum est, ne quis « eorum a nobis civis recipiatur, etc. » (Cicéron, *pro Balbo*, XIV.)

primé la liberté personnelle et le *dominium*, mais en faveur desquelles cependant le fait de la liberté, de la propriété, était maintenu, par tolérance administrative. On leur envoyait de Rome un magistrat chargé de les gouverner. Cela s'appelait *redigere in formam provinciæ*. La *forma*, *formula* ou *lex provinciæ*, déterminait la condition civile des personnes et des terres, selon la faveur ou la rigueur qu'avait paru mériter le pays soumis : *omnes gentes scire volumus, pro merito cuique erga nos fortunam esse*[1]. Il y avait quelquefois dans une province des *civitates sociæ*. L'administration de la justice en province a honoré des gouverneurs romains qui prirent pour modèle, dans leur gouvernement, l'administration judiciaire du préteur à Rome. *Amplissimum jus*, dit Gaius, *est in edictis duorum prætorum, urbani et peregrini, quorum in provinciis juridictionem præsides earum habent*[2]. Les Verrines, les lettres de Cicéron et de Pline le Jeune, sont les sources les plus abondantes de renseignements à cet égard[3].

Les populations des pays soumis, sujets, tributaires ou alliés, telles furent donc les sources générales du recrutement des armées romaines, au VIIe siècle de Rome. L'autorité, la volonté du général en chef y prévalut, y domina, plus effectivement qu'au temps passé. L'*imperator* y disposait en maître absolu des grades, des faveurs et de la discipline. Le fonds romain ou italique de l'armée y fut en minorité, comme par exemple dans la guerre des Gaules.

La victoire couronna et consacra la réforme de Marius; mais la réforme portait en germe la dictature, et puis l'empire. Salluste en fait bien la remarque en son langage énergique[4]. Ainsi finit la milice du cens, et commença la milice mercenaire, avec laquelle Rome acheva la conquête du monde, mais par laquelle elle perdit la liberté. D'importantes réformes dans l'organisation intérieure de la légion suivirent la réforme de Marius pour le recrutement. Elles furent complétées par les réformes de César, notamment en ce qui touche la séparation de l'arme de l'infanterie et de l'arme de la cavalerie, et la substitution fréquente des *legati* aux *tribuni*, dans le commandement des légions.

César, dans ses grandes guerres, ne fut que le continuateur des procédés de Marius. De son temps, la propagation du droit de cité en Italie avait ouvert de nouvelles ressources. Jadis les *civitates fœderatæ* venaient en aide à Rome, par des contingents qu'elles fournissaient. Désormais

[1] Tite-Live, XXXI, XXXI.

[2] Gaius, *Comment.* I, 6.

[3] Voy. mon *Essai sur l'hist. du dr. français au moyen âge*, t. I, p. 82 et suiv.

[4] « Homini potentiam quærenti egentissumus quisque opportunissumus, cui « neque sua curæ, quippe quæ nulla « sunt, et omnia cum pretio honesta vi- « dentur. » (Salluste, *Jugurtha*, LXXXVI.)

ce ne fut plus à titre d'*auxilia* que servirent celles qui avaient échangé leur liberté municipale contre la *civitas romana*. Les deux éléments de la légion romaine et des *auxilia* coexistaient donc dans la composition de l'armée romaine. Quelquefois, le nombre des troupes auxiliaires l'emportait sur le chiffre des légionnaires. Le nombre même des légions variait selon les temps, les besoins ou l'opportunité. Le nombre seul des *quatuor legiones primæ* paraît avoir été sacramentel; pour ces légions, le vieux droit fut toujours respecté, car le Romain conciliait habilement et admirablement le respect de la loi avec les exigences de la nécessité ou de la justice. Après la loi *Julia de civitate*, des sénateurs, des généraux ou leurs délégués, parcoururent les provinces dotées de la *civitas*, et, dans chaque municipe, levèrent les cadres de l'armée, le plus souvent au gré de leur caprice : César ne le dissimule pas. Ces enrôlements avaient un tel caractère d'irrégularité, qu'il fut facile de s'y soustraire, soit à prix d'argent, soit par la désertion, qui jadis avait été un crime capital, et pour laquelle on se montra très-indulgent, dans cette époque de transition [1]. Le désordre des guerres civiles aidant, les levées d'hommes pour la milice ressemblèrent soit par la forme, soit par la condition des soldats, à ce qu'on appelait auparavant les levées *tumultuaires* [2], dans lesquelles tout le monde, sans distinction de condition, était appelé à la défense de l'État.

Ce mode de procéder était tellement dans les nécessités de la situation de la république, que le parti conservateur lui-même n'en put pas employer d'autre lorsque les réactions le portèrent au pouvoir. Pompée, à l'exemple de quelques généraux, ses prédécesseurs, ne se fit pas scrupule d'enrôler des étrangers dans les légions, et, bien que le témoignage en vienne de César, il n'est pas récusable. César avait formé une légion tout entière de Gaulois transalpins. C'était la célèbre légion de l'*alauda*, dont le nom lui venait des *Leods* ou *Leudes* celtiques : *vocabulo gallico*, dit Suétone. Les légions de Labiénus étaient également composées des deux éléments, romain et étranger. César, par l'institution de ses *legati*, avait battu en brèche le tribunat militaire qui le gênait. Brutus comptait des légions entières de Macédoniens (Appien). Jamais, avant la guerre sociale, on n'eût donné le nom de *légion* à de semblables troupes; elles eussent été classées parmi les *auxilia*. Aussi vit-on s'introduire une distinction tout aussi nouvelle; on eut les *legiones vernaculæ* et les *legiones civium romanorum*. Sextus Pompée et Brutus appelèrent même à leur

[1] Cf. Salluste, *Ep. ad Cæs.* I, et fr. 4. § 10, *Dig.* XLIX, 16.

[2] Voy. de Boissieu, *Inscr. de Lyon*, p. 293.

aide les esclaves: les gladiateurs furent admis dans la milice. Il est probable que César, s'il n'eût rencontré le poignard de Brutus, eût remédié à un pareil désordre par la réforme qu'introduisit Auguste.

Dans un pareil état de choses, il est facile d'imaginer ce que devint le tribunat militaire de l'ancienne république. Il est évident, d'après le témoignage de plusieurs lois romaines du VIIe siècle, et d'après le rapport de Cicéron, soit dans sa correspondance, soit dans le *pro Cluentio*, que les élections tribunitiennes ont persisté, au moins pour les *quatuor primæ*. César s'était fait élire tribun militaire, au début de sa carrière. Mais en l'état de l'omnipotence que s'arrogeaient des hommes tels que Marius et César, en l'état surtout de la composition des armées extra-italiques, le tribunat électif devait peu les gêner. Ils avaient la ressource de l'évocation pour les tribuns qui avaient fourni un certain temps de service : nous avons des inscriptions où nous lisons : *tribunus ex evocato;* ils avaient surtout leur complète liberté d'action pour les corps nombreux de troupes *auxiliaires* placées sous leur commandement. La loi subsistait, mais, dans la pratique, elle n'entravait pas; le corps électoral qui nommait les tribuns militaires était d'ailleurs le même qui nommait les commandants militaires, et le même courant politique qui entraînait l'élection de ces derniers entraînait aussi l'élection des premiers. Mais il dut souvent arriver cependant que des tribuns militaires, nommés dans les comices, restèrent sans emploi effectif; de là cette couleur *honoraire* qui, dans les monuments épigraphiques, s'attache à la qualification de *tribunus militum a populo*.

Ce qui dut par-dessus tout faire tomber en désuétude le tribunat militaire électif, ce fut la réforme d'Auguste dans l'organisation de l'armée. J'ai dit réforme, j'eusse mieux dit révolution. Elle substitua le régime régulier des armées permanentes au système des armées congédiables à la paix, lequel était la loi constitutionnelle de la république romaine. Sans doute, pendant la seconde moitié du VIIe siècle, les guerres prolongées et l'emploi des troupes mercenaires avaient, de fait, transformé le service des armes de temporaire en permanent. Mais l'élection annuelle des commandants militaires et des chefs de légions n'en était pas moins chose de principe; la pratique en était respectée, au moins pour une catégorie de tribuns militaires; et il demeurait établi, comme maxime fondamentale du droit public romain, qu'aussitôt la campagne terminée et la paix faite, le soldat devait être congédié: *Quoniam bello confecto*, dit Suétone, *pax esset, et dimitti deberet victor exercitus*. Or, ce qui caractérise les armées permanentes, c'est la continuation du service militaire en temps de paix.

Auguste, comme on sait, après l'établissement de son principat, partagea l'administration des provinces de l'empire avec le Sénat; et, dans ce partage, il retint habilement pour lui le gouvernement des provinces dont l'agitation intérieure, ou la position voisine des frontières, exigeait une surveillance constante et l'entretien d'une force toujours disponible pour les défendre ou les contenir. Au Sénat il départit au contraire les contrées paisibles où le maintien de la sûreté publique n'était exposé à aucun péril. Là il ne permit, au rapport de Dion (LII, XXVII), l'entretien d'aucune force militaire. La police y dut suffire à tout, et les cités parurent offrir, à ce premier moment, assez de garantie par leur responsabilité. Il ne garda même à Rome, ou dans le voisinage, que trois cohortes, pour sa sûreté personnelle : *neque plures quam tres cohortes in urbe passus est.* Pour le reste des forces militaires de l'empire, légionnaires ou auxiliaires, il les cantonna, sous le régime d'un service permanent et savamment organisé, dans les provinces échues à son lot, dans le partage avec le Sénat : *Quidquid autem ubique militum esset*, dit Suétone (*Aug.* XLIX), *ad certam stipendiorum præmiorumque formulam adstrinxit.*

L'avenir du soldat préoccupa surtout son attention; Auguste le retenait sous les armes pendant une partie notable de sa vie, mais il assurait du même coup l'avenir du vétéran : *definitis pro gradu cujusque et temporibus militiæ et commodis missionum;* et il y trouvait à la fois la certitude de leur attachement personnel et la garantie de leur respect pour l'ordre établi : *ne aut ætate, aut inopia, post missionem, sollicitari ad res novas possent.* Le service militaire devint ainsi une carrière régulière, une profession déterminée. C'était tout juste le contraire des habitudes et des lois de l'ancienne république. Cette révolution a été l'événement capital du principat d'Auguste, la base de l'établissement impérial, et l'acheminement à la monarchie militaire de ses successeurs.

Mais les deux réformes les plus caractéristiques, peut-être, du gouvernement d'Auguste, furent : 1° celle par laquelle il affranchit l'Italie épuisée de l'obligation du service militaire; 2° celle qui imposait, sinon de droit, du moins de fait, le célibat aux militaires.

Déjà, et bien longtemps avant Auguste, une partie de l'ordre équestre, qui représentait la classe intermédiaire entre la *plebs* et le patriciat, avait donné l'exemple de fuir les fatigues de la guerre, pour s'adonner à la finance, à la judicature et autres habitudes sédentaires. On distinguait, dès la jeunesse de Cicéron, les *equites equo publico*, c'est-à-dire voués sérieusement aux armes, et les *equites* voués aux affaires financières et aux emplois civils[1]. Le mal gagnait la noblesse elle-même, qui devenait ignorante de l'art de la guerre : *nobiles ignari laboris militiæ*[2]. Auguste accomplit un souhait public, signe remarquable de la décadence et de l'altération des mœurs, en donnant à l'Italie une exemption militaire dont elle fut satisfaite. Les *Latifundia* commençaient dès lors à se former. Ceux que les dépouilles du monde avaient enrichis aspiraient à la possession de la terre, non pour la cultiver, mais pour en faire un objet de jouissance et de vanité. La vieille Rome, la vieille Italie, eussent été indignées de cette invitation à la mollesse. La jeune Italie acclama le privilége que lui octroya Auguste en la dispensant du service. *Deus nobis hæc otia fecit.* Dion nous a transmis les discours amplifiés de Mécène et d'Agrippa, qui contiennent l'exposition du plan du gouvernement d'Auguste, et un historien trop négligé, quoique souvent bien instruit, nous a conservé la consécration des propositions du conseiller d'Auguste[3]. Auguste, dit Hérodien, constitua les troupes mercenaires comme un mur d'appui de l'empire. Le prince recueillit les fruits de cette complaisance pour la délicatesse, lorsque, après le désastre de Varus, il voulut lever des troupes en Italie pour réparer ce malheur; il n'y trouva qu'indifférence et lâchetés. Les rigueurs mêmes furent inutiles pour corriger et redresser les habitudes prises[4].

Quant au célibat militaire, c'était aussi le contre-pied du régime de la vieille république. Au temps de la deuxième guerre punique, en effet, Scipion disait à ses soldats : Chacun de vous, en combattant l'ennemi, protége sa femme et ses jeunes enfants : « Unusquisque se, non corpus « suum, sed conjugem ac liberos armis protegere putet[5]; » et ce fier et touchant discours que Tite-Live met dans la bouche d'un centurion, pendant la deuxième guerre de Macédoine[6], prouve bien que les huit enfants du soldat ne l'avaient point dispensé de faire vingt-deux campagnes annuelles dans l'armée active. Toutefois, à l'époque de César, on voit percer la tendance à imposer le célibat aux militaires, dont la qualité originaire était dès lors si profondément changée[7]. Les exigences du

[1] Cicéron, *Philipp.* VI, 5. — Pline, *Hist. nat.* XXXIII, I : « Non equites, sed « judices vocabantur. »

[2] Salluste, *Orat.* II *ad Cæsar.* LVII, p. 199. Havercamp.

[3] Cf. Dion Cassius, II, XXVII, Sturz; et Hérodien, liv. II, ch. XI, § 9. Irmisch renvoie à l'indication de Dion, dans le texte duquel il faut donner au mot πολιτῶν le sens des habitants des cités italiques, ce qui est confirmé par le texte d'Hérodien, t. II, p. 345, de l'édit. d'Irmisch.

[4] Suétone, *Aug.* XXIV, doit être ici concilié avec les historiens grecs.

[5] Tite-Live, XXI, XLI.

[6] Tite-Live, XLII, XXXIV. — Sur l'an 171 av. J. C.

[7] Voy. Wieling, *De connub. milit. Rom.* dans le *Trésor* d'Œlrichs, t. II, p. 305.

service, pendant ces grandes guerres du VIIe siècle, avaient dû inspirer cette pensée au grand capitaine. La velléité de César, Auguste la convertit en réalité, lorsqu'il prescrivit aux soldats de l'armée romaine vingt ans de service continus dans des camps éloignés, dont les femmes étaient rigoureusement écartées. Le *jus connubii* était de fait enlevé aux militaires. Aussi, lorsque des hommes mariés s'étaient enrôlés dans les légions, l'engagement qui privait la femme de la compagnie de son époux, pendant un si long intervalle de temps, était considéré comme un juste motif de divorce, par la jurisprudence, ainsi que nous l'apprend Gaius[1]. Mais, conséquent avec lui-même, Auguste, qui, dans ses fameuses lois pappiennes, avait attaché des peines civiles au célibat, en affranchit les *milites*, selon le témoignage de Dion, confirmé, sur ce point, par une foule d'autres autorités[2]. Ils avaient les *jura maritorum*, le *jus liberorum*. Si la discipline y gagna, la prédominance de l'influence militaire dans l'État n'y gagna pas moins; et, au point de vue de la population, le dommage ne fut pas moins constaté. « Veterani, dit Tacite, neque con« jugiis suscipiendis, neque alendis liberis sueti, orbas sine posteris do« mos relinquebant[3]. » Tertullien en fait aussi la remarque[4]. Une politique en sens inverse de celle d'Auguste dicta l'abolition de ce régime à l'empereur Septime-Sévère, au rapport d'Hérodien[5].

Quant à la sûreté intérieure de l'Italie, Auguste ne s'en rapporta point complétement ni toujours à la police des municipes. La *lex Julia municipalis* n'y avait évidemment pas pourvu. Jules César avait été préoccupé d'une autre pensée dans cette loi, ainsi que nous le montrerons en son lieu; mais Auguste, avec raison, pensa qu'il était lui-même responsable de cette police, et il en prit résolûment la direction. *Divus Augustus maluit per se huic rei consuli. Nam salutem reipublicæ tueri, nulli magis credidit convenire, nec sufficere ei rei, quam Cæsarem*[6]. C'était, en effet, une question d'État, dans la situation présente des affaires, et non pas seulement une question d'ordre municipal. Auguste était dans le vrai, en retenant pour son compte l'obligation d'aviser à cette sûreté, dont le bienfait lui attacha les populations, au lendemain d'une subversion complète de la société. Les vers de Virgile, organes de l'opinion de son temps, sont présents à tous les souvenirs. Auguste avait déjà, sur ce point, constitué la monarchie. Le premier, il avait pris en main la police de la sûreté générale. César s'était montré com-

[1] Fr. 61, Dig. XXIV, 1.
[2] Dion, LX, cité par Wieling; Martial, Pline le Jeune, Ulpien, cités *ibid.*
[3] Tacite, *Annal.* XIV, XXVII.
[4] Cité par Wieling, p. 311.
[5] Hérod. III, XXV, cité par Wieling, p. 312.
[6] Paul, fr. 1 et 3, Dig. I, 15.

plaisant pour le brigandage. Il disait que : « Si grassatorum et sicario« rum ope, in tuenda sua dignitate usus esset, talibus quoque se parem « gratiam relaturum [1]. » Mais les fripons et les brigands trouvèrent, dans le gouvernement d'Auguste, une inflexible compression; et Suétone, qui en rapporte le témoignage, nous révèle en même temps toute l'intensité du fléau pour l'Italie, depuis un demi-siècle. On croirait, en le lisant, entendre quelque contemporain racontant les audaces de ce qu'on appelait alors les *grassatores*, qui avaient commencé par être d'adroits filous et qui finirent par être des voleurs de grands chemins [2]. « Plera« que pessimi exempli correxit, quæ in perniciem publicam, aut ex con« suetudine licentiaque bellorum civilium duraverant... Nam et grassa« torum plurimi palam se ferebant succincti ferro, quasi tuendi sui causa : « et rapti per agros viatores sine discrimine, liberique, servique..., et « plurimæ factiones, titulo collegii novi, ad nullius non facinoris socie« tatem coibant [3]. » Tibère suivit les errements d'Auguste dans cette voie; il porta un soin particulier dans l'exercice de la police de sûreté. « In « primis, tuendæ pacis a grassaturis et latrociniis... curam habuit. Sta« tiones militum per Italiam solito frequentiores disposuit [4]. » Un texte de Tertullien complète ces indications : « Latronibus investigandis, « dit-il, per universas provincias militaris statio sortitur [5]. » Je ne multiplierai pas les citations. Les *stationárii milites* étaient, à Rome, sous le commandement du *præfectus urbis* [6]. L'épigraphie nous les montre répandus partout [7]; c'étaient les gendarmes du temps, qu'il ne faut pas confondre avec les *irenarchæ* d'une époque postérieure du Bas-Empire. Ces *gardiens de la paix* tiraient, dit-on, leur origine des *stationarii*, mais étaient d'attribution municipale [8]. C'étaient de véritables gardes de police, comme étaient les *vigiles* de Nîmes [9], dont le *præfectus* n'était assurément qu'un officier supérieur de police, comme a dû être le stratége hellénique de certaine époque. Il ne faut point, à cet égard, se laisser

[1] Suétone, *César*, LXXII, et la corresp. de Cicéron.

[2] Voy. les notes de Burmann sur Suétone, *Aug.* XXXII.

[3] Suétone, *Aug.* XXXII.

[4] Suétone, *Tiber.* XXXVII.

[5] Voy. Burmann, sur Suétone, Otton, 67.

[6] Voy. Fr. 1, § 12. Dig. *De off. præf. urb.*, I, 12.

[7] Voy. Orelli, n° 459, 1685, et *alibi*. Il ne faut pas confondre les *stationes* d'Auguste et de Tibère avec les *stationes* dont traite Brisson, dans ses *Sel. antiquit.* p. 51 de l'édit. de Trekell.

[8] Cf. Wasteau, *De Jure municipali*, dans le *Trésor* d'OElrichs, vol. II, t. I, p. 311; et Roth, *De re munic. rom.* p. 109.

[9] Voy. Herzog, *Gall. Narbon. histor.* Append. n° 120 et suiv. Il ne faut donc pas identifier ces *vigiles* provinciaux avec les cohortes impériales de *vigiles* de la capitale. Voy. Kellermann.

prendre aux mots : témoin les *nyctostrategi* dont l'emploi de préposé aux gardiens de nuit est évident[1]. La considération des personnages que nous trouverons revêtus de l'emploi de *tribunus militum a populo*, et la constitution des municipes, dans leur rapport avec la police de l'État, ne permet donc pas de trouver place à nos tribuns militaires électifs dans le personnel des fonctionnaires municipaux. L'hypothèse m'en paraît inadmissible.

On a parlé d'un conflit à main armée entre le municipe de Pompéi et celui de Nucérie; conflit qui permettrait de supposer une force armée dans les deux cités. Il est vrai qu'à Pompéi, dans cette ville aux licences effrénées, il y eut, à certain jour, une bataille, et l'on en a fait argument pour expliquer la présence de *tribuni militum* dans ses murs. Mais ce ne fut ni soldat ni tribun qui figura dans le conflit, ce fut tout simplement, au grand théâtre de Pompéi, une rixe sanglante, entre des corps de métiers des deux villes, entre les citadins de Pompéi et les citadins de Nucérie, qui étaient venus se donner le plaisir du spectacle chez leurs voisins; rixe dont toute l'importance historique est d'avoir eu Tacite pour narrateur. Le récit nous prouve, du reste, ce qu'était, en l'an 60 de J. C., l'indépendance des municipes; elle se développa sous les empereurs subséquents, mais, sous Néron, elle était encore aussi précaire qu'au temps des guerres civiles. Ces airs batailleurs des deux cités déplurent beaucoup à Rome et à la cour de l'empereur, et la répression fut éclatante. Au municipe de Pompéi fut infligée, en punition de sa conduite, la privation de spectacle pendant dix ans[2]; la catastrophe de l'an 63 ne lui laissa pas le temps d'achever sa peine. Il faut, ce me semble, déduire de cette aventure une tout autre conclusion que celle de l'organisation d'une *militia municipalis*.

Avec le système d'Auguste et malgré sa prudente exécution devait donc inévitablement tomber l'ancienne pratique des élections annuelles des tribuns militaires. Si, du premier coup, la vieille institution n'était pas supprimée, elle était condamnée à disparaître graduellement, pour

[1] Voy. Wasteau, *loc. cit.* p. 317, et les lois romaines qu'il cite; Cf. Kellermann, *Vigil.* p. 33, *ubi* note sur les *Præf. vigilum* de Nîmes.

[2] Tacite, *Annal.* XIV, xvii. « Sub idem « tempus, levi contentione atrox cædes « orta, inter colonos Nucerinos Pom- « peianosque, gladiatorio spectaculo, « quod Livineius Regulus, ... edebat. « Quippe, oppidana lascivia invicem in- « cessentes, probra, deinde saxa, postremo ferrum sumpsere, validiore Pom- « peianorum plebe, apud quos spectacu- « lum edebatur . . . . . Cujus rei judicium « Princeps senatui, senatus consulibus « permisit; et rursus re ad Patres relata, « prohibiti publice in decem annos ejus « modi cœtu Pompeiani, collegiaque . . . « dissoluta. »

faire place à la nomination impériale. Le témoignage de Tite-Live est formel; rapportant l'introduction de l'élection dans le tribunat militaire, en l'an 394 de Rome, il ajoute qu'auparavant les généraux en chef en avaient le choix, TOUT COMME AUJOURD'HUI, et Tite-Live était contemporain d'Auguste : *nam antea*, SICUT NUNC . . . . *imperatores ipsi faciebant.* Par conséquent, il dut y avoir, sous Auguste, et à mesure que les divers corps de l'armée furent réorganisés, et que le système nouveau, *formula stipendiorum*, fut mis en pratique, il dut y avoir, dis-je, un certain nombre d'officiers supérieurs, et de nos anciens tribuns électifs, mis, comme nous dirions, en disponibilité, ou renvoyés dans leurs foyers; et voilà qui explique ce nombre notable d'inscriptions contemporaines d'Auguste, où nous voyons figurer le titre de *tribunus militum* parmi les *honneurs* des personnages indiqués, sans désignation spéciale de légion, ou de service actif. Cette réorganisation des légions ne dut a dû être soudaine et brusque : elle fut lente et progressive; le caractère d'Auguste en est garant. Mais il avait fermé deux fois le temple de Janus; ce dut être l'occasion de congés multipliés, et d'une épuration Octavienne dans l'armée. D'ailleurs Auguste dut vouloir que tous les officiers supérieurs fussent ses créatures, et le tribun militaire *a populo* a dû être, à certain moment, en médiocre faveur; à telles enseignes que, pour se distinguer de ces derniers, les nouveaux tribuns militaires prirent quelquefois le titre de *tribuni militum divi Augusti*[1]; et MM. Hübner et Mommsen, qui en rapportent l'inscription, font la remarque qu'ils sont ainsi qualifiés par opposition aux *tribuni militum a populo creati.*

On trouve, dans tous les monuments contemporains, la preuve du soin que prit Auguste de la réorganisation de l'armée, et de sa sollicitude pour l'amélioration du bien-être du soldat. Je croirais volontiers cependant qu'Auguste ait permis quelques élections de tribuns militaires, sous sa recommandation, comme pour les élections consulaires; mais ce dut être rarement. Quelques érudits ont pensé que les *comitia tribunitia* dont parle Suétone, en la biographie d'Auguste (§. XL), se rapportaient au tribunat militaire; mais un texte de Dion y paraît contraire. Il eût été pourtant conforme à sa politique de faire nommer Tibère tribun militaire par les comices, à l'exemple de ce qu'avait fait César pour lui-même. Quoi qu'il en soit, le témoignage de Frontin atteste que, du temps de Domitien, le *tribunus militum a populo factus* n'était plus qu'un souvenir historique.

[1] Voy. le *Corpus inscr. lat.* de Berlin, t. II, n° 3852, p. 519; et *infra*, chap. IV, p. 68, ou une autre inscription porte : TRIB. MILIT. AB. CÆSARE.

CHAPITRE II.

LES *TRIBUNI MILITUM A POPULO.*

J'ai parlé, dans le précédent chapitre, des *tribuni militum a populo*, qualifiés tels par les monuments épigraphiques, et j'ai affirmé leur identité avec les tribuns militaires électifs de l'ancienne armée romaine, dont les historiens et grammairiens latins nous ont transmis la mémoire. Une opinion contraire s'est produite, cependant, et avec un certain éclat, à l'occasion du chapitre CIII de la loi municipale retrouvée à Osuna; il est nécessaire de la discuter.

Le chapitre CIII de la loi d'Osuna est ainsi conçu : « Lorsque, dans « la colonie de Genetiva, la majorité des décurions présents aura décidé « qu'il y a lieu d'armer et de mettre en campagne les colons, résidents « ou agglomérés, pour défendre le territoire de la colonie, tout duumvir, ou préfet préposé à la justice, qui, étant en charge dans la colonie, prendra le commandement de ces citoyens armés, aura la faculté de faire exécuter le décret de la curie, sans encourir aucune « responsabilité. A cet égard, le duumvir, ou celui qu'il aura délégué au « commandement, exerceront les mêmes droits et le même pouvoir disciplinaire qui sont accordés au tribun militaire dans l'armée romaine (*uti « tribuno militum populi romani in exercitu populi romani*), et ils seront à l'abri « de toute recherche, pourvu qu'ils se renferment dans les limites du « mandat que leur aura donné la majorité des décurions[1]. »

Sur ce texte, ici reproduit, d'après une traduction que j'ai lieu de croire exacte, j'ai consigné l'observation suivante, p. 26 de mes *Bronzes d'Osuna*, et p. 353 du *Journal des Savants* de 1874 : « Cette disposition « pouvait bien avoir été particulière à la colonie de Genetiva, en raison « de sa situation exceptionnelle, au milieu d'un pays insurgé de la veille. « On ne signale aucun autre exemple de pareille loi municipale, mais il « est permis de supposer qu'il s'en est produit ailleurs. »

[1] « Quicumque in colonia Genetiva « duumvir præfectusve juri dicundo « præerit, cum colonos incolasque contributos quocumque tempore coloniæ « finium tuendorum causa armatos educere decuriones censuerint, quod major pars qui tum aderunt decreverint, « id ei sine fraude sua facere liceto. « Eique duumviro aut quem duumvir armatis præfuerit, idem jus eademque « animadversio esto, uti tribuno militum « populi romani, in exercitu populi romani est..... » (Voy. p. 13 et 176, de l'édit. de M. Berlanga.)

Un savant, que j'honore, n'a vu, au contraire, dans cette loi espagnole qu'une disposition commune à tous les municipes, et lui attribue l'origine des fonctions qui répondent au titre de *tribunus militum a populo*, dans les monuments épigraphiques, tandis qu'à mon avis ces monuments ne font que constater les derniers souvenirs du tribunat militaire électif. La loi d'Osuna ne serait, dans la nouvelle hypothèse, qu'une interprétation, peut-être même une parcelle de la loi *Julia municipalis*, relative au service militaire dans les cités; et le tribunat *a populo* des inscriptions, au lieu d'être une charge d'État, ne serait qu'une charge municipale, sans autre relation qu'une similitude d'autorité avec le tribunat légionnaire de la république et de l'empire. « Il ne saurait être « question de cette dernière magistrature, a-t-on dit, dans les inscriptions « dont il s'agit, car elles sont postérieures au temps où ce pouvoir d'élec« tion fut enlevé au peuple. D'ailleurs le caractère municipal des tribuns « *a populo* est indiqué par la nature des autres charges dont on les voit « revêtus; et les inscriptions où il est parlé d'eux proviennent toutes « de cités autres que Rome. » On ajoute qu'en étudiant l'organisation de l'empire, « on voit que, si Rome s'était chargée de défendre ses sujets « contre les barbares, elle avait laissé à chaque cité le soin de maintenir « la paix sur son territoire. Le moyen d'obtenir ce résultat, c'était de « permettre aux villes de posséder un corps armé, chargé d'assurer « l'ordre, de faire la police, de surveiller les prisons et de protéger les « tribunaux. » Enfin l'on a dit que les preuves abondent de l'existence de corps armés dans les municipes de l'empire romain. Par conséquent on a conclu que la disposition du chapitre CIII de la loi génétivaine n'était point spéciale à cette colonie militaire, à raison de sa situation particulière au milieu d'un pays qui couvait encore la révolte, mais qu'elle était d'une application générale dans tous les municipes, bien qu'elle ne nous fût révélée que par les bronzes découverts à Osuna [1].

Tel est le système qui m'est opposé : j'ai tâché de le concentrer dans quelques lignes; habilement développé par son ingénieux auteur, il a pu semer l'incertitude dans les esprits. Mais, après avoir mûrement pesé les témoignages, étudié les textes et consulté l'histoire, il m'a paru que ces conjectures nouvelles étaient inadmissibles, quelque séduisantes qu'elles fussent, et que les *tribuni militum a populo* de l'épigraphie nétaient que des représentants égarés du tribunat militaire électif, du temps de la république, dont quelques titulaires auraient prolongé leur existence

[1] Voy. *l'Officiel* du 2 février 1875, p. 887.

jusqu'au temps d'Auguste, peut-être de Tibère, obtenu même sous le haut empire des nominations devenues purement honorifiques, bien qu'aucune des inscriptions existantes, où il est question d'eux, ne semble postérieure à l'époque d'Auguste. Sans nier la possibilité de quelques hypothèses, avancées par mon très-docte contradicteur, je ne les regarde point comme suffisamment justifiées par les monuments subsistants. Je persiste donc, avec toute la déférence qui est due à l'opinion qui s'écarte de la mienne, dans la réserve où je me suis renfermé, en expliquant l'antique loi coloniale de *Genetiva Julia;* en quoi j'ai pu paraître timide, quand je croyais n'être que prudent, et n'obéir qu'aux lois de la saine critique.

Ce n'est pas la première fois que la supposition du caractère municipal des *tribuni militum a populo* est mise en avant. La découverte des bronzes d'Osuna lui donne-t elle une probabilité de plus? je ne le pense pas; mais, il y a près de vingt-cinq ans, M. Becker, dans son troisième volume du *Manuel de l'antiquité romaine,* tout en reconnaissant l'identité des anciens tribuns électifs avec les tribuns *a populo* des inscriptions, écrivait, *transeundo* il est vrai, et sans appuyer, du reste, son opinion d'aucun texte ou indice probable, que [1], sous le haut empire, la qualification de *tribuni militum a populo* ne désignait plus que des magistrats municipaux : opinion rétractée aujourd'hui par les nouveaux éditeurs du même ouvrage. Dix ans auparavant, M. Osann avait prétendu que ce titre n'avait jamais été qu'honorifique [2], et M. Lange, s'éloignant encore de ce sentiment, dans son *Historia mutationum rei militaris Romanorum,* avait soutenu que le *tribunus a populo* n'était point identique avec le *comitiatus,* mais que ce tribun était *præter regulam ex populo electus,* en quoi il avait été réfuté par M. Becker. M. Lange avait aussi fait argument du silence prétendu des écrivains latins au sujet de ce titre. *Non constat,* avait-il dit, *comitiatos rei publicæ tempore unquam tribunos militum a populo dictos esse.* Renchérissant sur toutes ces idées, M. de Boissieu, dans son beau volume sur *les inscriptions antiques* du musée de Lyon [3], n'avait pas hésité, en 1854, d'imprimer ce qui suit, au grand étonnement de ceux qui le lisent aujourd'hui :

« Quant aux *tribuni militum a populo,* qu'on rencontre en certain « nombre des monuments de l'époque impériale, il ne faut pas qu'on « s'y trompe, et que, sur la foi de quelques érudits, on trouve dans leur

[1] *Handbuch der römischen Alterthümer,* III, II, p. 277.

[2] Voy. la *Zeitschrift f. d. Alterth.* de 1846, p. 544, cité par Lange, p. 46, note 12.

[3] *Ins. ant. de Lyon,* 1854, in-fol. p. 316.

« titre la preuve du rétablissement de l'ancien mode d'élection des « tribuns militaires.

« Ce serait une grave erreur, car alors il n'y avait plus de comices... « leur dignité était purement honoraire, et le plus souvent, de même « que les tribuns de la milice palatine, ils n'avaient de militaire que le « nom.

« L'expression *a populo* me semble indiquer, dans ce cas, *non l'ori-« gine du pouvoir, mais celle de celui à qui il était conféré.* C'était une de « ces mille fictions par lesquelles un homme de condition modeste, « un provincial surtout, jouissant de quelque crédit auprès de l'empe-« reur, ou de ses représentants, sortait de l'obscurité et échappait aux « lourdes charges de la fiscalité romaine.

« C'était à la fois et un moyen de se libérer des charges du décurio-« nat, de ne rentrer que de plein gré dans les magistratures de la curie, « et une récompense des services rendus au peuple dans l'exercice des « fonctions municipales.

« L'étude comparée des inscriptions sur lesquelles le titre de *tribuni « militum a populo* se rencontre, et la loi de Valens, insérée au livre XIIe « du code Théodosien, ne me laissent aucun doute à cet égard [1]. »

Il est difficile à l'imagination d'aller plus loin dans la vision historique, et, si j'ai fait une si longue citation, ce n'est que pour montrer jusqu'où peut pousser l'esprit de système, quand on s'écarte des lois sévères de l'érudition critique.

Jamais personne n'a songé à chercher dans les inscriptions la preuve du rétablissement, sous l'empire, de l'ancien mode d'élection des tribuns militaires. L'assimilation des tribuns *a populo* avec la milice palatine est une pure chimère. Quant au caractère d'honneur municipal dont le détail complaît au docte archéologue, c'est une vraie fantaisie; et pour ce que M. de Boissieu a trouvé dans la constitution impériale qu'il indique, c'est, je ne crains pas de le dire, une complète hallucination. Et cependant cette opinion a rencontré un approbateur dans un savant épigraphiste [2] d'Heidelberg, M. Zell, qui s'est fait le champion du caractère municipal des tribuns *a populo*, et surtout le patron de l'idée que l'*a populo* indique l'origine du fonctionnaire et non l'origine de la fonction elle-même : « Nicht ein vom Volk gewählter, son-« dern ein aus dem Volk genommener. » Dans cette opinion, *a populo*

[1] M. de Boissieu cite la const. 74, XII, 1, au code Théodosien, et le code de Justinien, X, 55, *const. un.*

[2] Carl Zell, *Handbuch der römischen Epigraphik*, Heidelberg, 1852, t. II, p. 303.

devrait, ainsi qu'on l'a dit, être pris, dans ces inscriptions prétendues municipales, comme équivalent de *popularis hujus urbis*.

Je n'ajouterai point à ces diverses propositions d'autres hypothèses plus excentriques, qui ont eu moins de cours que les précédentes. Toutes s'expliquent par la rareté primitive des monuments où se trouvait couché un *tribunus militum a populo,* par l'insuffisance des sigles qui les indiquaient, et par l'erreur où l'on était sur l'âge des inscriptions.

Ainsi, une inscription d'Avellino, connue depuis l'an 1629, mais répandue seulement dans le grand public, en 1699, par la collection épigraphique de Fabretti [1], ne contenait que des sigles qui étaient lettre morte pour les érudits. Les fouilles de Pompéi, dans le premier quart du XVIIIe siècle, donnèrent à Muratori [2] quelques nouveaux documents, mais qui troublèrent beaucoup l'esprit du savant antiquaire, comme l'a remarqué le docte et judicieux Marini [3]. Le célèbre Maffei publiant [4], quelques années après, l'inscription de Vérone, dont nous parlerons plus tard, y vit plus clair, montra d'un pas plus ferme la voie à suivre, et donna le premier l'explication où s'est arrêtée la science épigraphique, par l'organe de ses maîtres les plus accrédités, en notre époque contemporaine. Aux yeux de Maffei, le *tribunus militum a populo* de l'inscription de Vérone est identique avec le tribun *comitiatus* dont parle un scholiaste de Cicéron déjà cité par nous. Quarante ans après, l'explication ne paraissait plus douteuse à Marini, qui écrivait, à Rome, en 1795 : « cotesti tribuni *creati a populo*, diversi da que', che si facevan da' « consoli, sono abbastanza conosciuti pe' libri di Livio, di Festo, e di « altri. » (*Fr. Arv.* II, p. 545.) Et les découvertes de notre siècle ayant porté jusqu'à une vingtaine le nombre des inscriptions où il est question des tribuns *a populo*, les grands épigraphistes de notre âge, Orelli [5]

[1] Voy. Fabretti, *Inscript. antiq.* etc. *Romæ*, 1699 ou 1702, in-fol. cap. IX, n° 224; et cf. Mommsen, *Inscript. neapol.* n° 1888.

[2] Muratori, *Nov. thes. veter. inscript.* Milan, 1739-42, 4 vol. in-fol. n°s 743,7; 765,3; 818.6; 482,2.

[3] Marini, *Atti e monum. d. fr. Arv.* (1795), t. II, p. 548. Muratori fut, dit-il, *spaventato* par ces inscriptions.

[4] *Museum Veronense* (edente Scip. Maffeio), *Veronæ*, 1749, in-fol. fol. 119, 5, 6.

[5] Orelli a écrit, sous le n° 2129 de sa collection, la note suivante : « Nota *tribunum militum senatus consulto,* cui oppo- « nitur *trib. mil. a populo.* » Je ne me suis pas prévalu de cette insc. 2129, parce que j'explique autrement qu'Orelli la sigle s. c. Mais la note atteste l'opinion d'Orelli sur l'identité de l'*a populo* et du *comitiatus :* opinion confirmée par lui sur le n° 3459, où il réduit le titre dont il s'agit à une valeur purement honorifique, sous l'empire, par suite des changements opérés dans l'organisation de l'armée romaine.

d'abord, puis Borghesi, puis M. Mommsen dans plusieurs occasions solennelles [1], dont la dernière date du mois de novembre 1874; enfin M. Henzen [2], M. Hubner, et M. Wilmanns [3], se sont accordés pour reconnaître la même identité de fonction militaire chez ces personnages désignés à la fois par l'histoire, par les grammairiens et par l'épigraphie; ils ont attribué, d'un avis unanime, la même origine grammaticale à l'*a populo* [4]; et tous ont assigné aux inscriptions dont il s'agit la date du siècle d'Auguste, ou des premiers Césars, sans y vouloir admettre le caractère municipal, dont, depuis la découverte des bronzes de Genetiva, on a cru pouvoir raviver le système abandonné.

Quoi qu'il en soit de l'unanimité et de l'autorité de la tradition établie à cet égard, parmi les érudits *majorum gentium*, depuis Maffei jusqu'à nous, la découverte de la loi d'Osuna introduit, dit-on, un élément nouveau dans le débat, et, au jugement de savants autorisés, la face de la controverse est changée par le chapitre CIII du statut espagnol. Nous n'en croyons rien, mais, reprenant la discussion par sa base, nous rechercherons premièrement quel fut ou quel dut être le sort et le nom du tribunat militaire électif sous la république romaine, et quelle put être sa destinée sous Auguste, ainsi que sous les premiers empereurs.

Nous examinerons plus tard si les monuments épigraphiques s'accordent avec les témoignages des écrivains latins, et surtout si la constitution municipale de l'Italie d'abord, puis de l'empire, se prête aux hypothèses qui ont été produites. Enfin nous tâcherons de nous rendre un compte précis de l'influence que la découverte d'Osuna peut et doit exercer sur la solution définitive de la question posée.

Et en premier lieu il est évident que, de toutes ces questions, la plus importante est celle qui se rapporte à l'identité des tribuns électifs dont parlent les écrivains latins et des tribuns *a populo* dont parlent les monuments épigraphiques. C'est la question fondamentale, et on l'a si bien senti, qu'on a fait de la thèse contraire le pivot de la contestation [5]. Or la lecture des textes nous semble, à cet égard, ne laisser aucune place au doute. Voyons Tite-Live, qui, en six ou sept endroits divers, constate

[1] Voy. ses *Inscript. neapol.* que nous citerons plus tard, le *Corpus inscript. lat.* de Berlin, en vingt endroits divers, et surtout son *Römisches Staatsrecht,* II, p. 540-543 (1874).

[2] Dans son IIIe vol. suppl. de la collection d'Orelli, *passim,* et p. 148 de l'*Index.*

[3] *Corp. insc. lat.* de Berlin, t. II, et Wilmanns, *Exempla inscript.* 2 vol. in-8°, 1873.

[4] Voy. Mommsen, R. St. II, 541, note 2. Je rapporterai son texte, *infra,* p. 30 et 31, note 3.

[5] Voy. *l'Officiel* des 29 et 30 mars 1875, p. 2359.

ces élections tribunitiennes. Tantôt il les mentionne simplement comme faites par le suffrage public : « tribunos militum ad legiones *suffragio* « fieri » (VII, v); tantôt, et le plus souvent, il les mentionne dans des termes qui se confondent avec ceux de l'épigraphie (la remarque est de Maffei) : « duo imperia eo anno (443, *a.c.*) dari cœpta *per populum*. . . ; « unum, ut tribuni militum. . . *a populo* crearentur. » (IX, xxx).

Advenant la guerre de Macédoine (581), on sait qu'il y eut suspension dans la pratique de la loi d'élection. Tite-Live en témoigne en ces termes : « Ne tribuni militum eo anno *suffragiis* crearentur (XLII, xxxi). » Quelques pages plus bas, Tite-Live nous apprend que le sursis ne fut pas de longue durée, et que le peuple reprit l'élection des tribuns militaires, à l'occasion de la création de quatre légions nouvelles, qu'on envoyait en Macédoine : « Tribunos his, non permissum, ut consules « facerent : *populus creavit* » (XLII, xii ou xiv). De là conflit entre le peuple et les généraux d'armée, à la suite duquel intervient une transaction ménagée par le sénat (en 584), et d'après laquelle : « Parem « numerum tribunorum consules *et populus* crearent » (XLIV, xxi). Est-ce clair? et que disent de mieux les inscriptions, en caractérisant ces officiers par la dénomination de *tribuni militum a populo?* et comment souscrire à cette assertion que, *lorsque Tite-Live parle de ces tribuns, l'expression d'*a populo *ne vient jamais sous sa plume?*

Après Tite-Live, l'ordre des événements nous amène le témoignage de Salluste, duquel nous apprenons que Marius, après avoir acquis de l'illustration sous le commandement de Métellus, en Afrique, a quitté le théâtre de la guerre pour venir briguer à Rome le tribunat militaire électif : « *tribunatum militarem a populo* petit, » c'est l'expression de l'historien; elle est plus concluante que celle de Tite-Live, car elle produit littéralement, comme le remarque M. Mommsen, la formule épigraphique, rappelée encore plus formellement par un écrivain militaire du temps des Flaviens, Frontin, lequel, comme nous l'avons déjà fait remarquer, nous apprend, dans un langage qui devait être celui des camps, que Caton l'Ancien avait le grade dont il s'agit : « Porcius Cato, « qui tum, jam consularis, *tribunus militum a populo* factus, in exercitu « erat[1]. »

Il y avait donc dans l'armée romaine deux classes de chefs de légion ou de tribuns militaires, ceux qui étaient élus à Rome, en même temps que les consuls et par le peuple, et ceux qui étaient élus au commencement de chaque campagne par les consuls ou généraux d'armée. Les

[1] Frontin, *Strat.* II, iv, 4, Oudendorp et Dederich.

premiers affectaient la primauté sur les tribuns délégués, et leur prétention se conçoit aisément. Elle poussait Marius, qui avait été lieutenant de Métellus, selon le témoignage de Plutarque (*Marius*, VII), à solliciter le tribunat populaire, qui ne lui conférait, dans la hiérarchie militaire, qu'un rang inférieur. C'est à cette affectation de faveur publique et de prépondérance que se rapporte un passage important du grammairien Festus, où nous trouvons un nouvel argument pour notre opinion. Il en ressort que le consul Rutilius Rufus, en l'an de Rome 648, d'après les Fastes, à peu près à l'époque de l'élection de Marius, pour rétablir l'égalité entre ces deux classes de tribuns militaires, et pour régler les prérogatives de chacun, présenta et fit adopter une loi dont il n'est fait mention nulle autre part que dans Festus. C'est du nom de ce consul, que les tribuns militaires délégués ont été nommés *Rufuli*. Le témoignage de Festus, qui vivait au IIIe siècle, emprunte son autorité de celle de Verrius Flaccus, dont il a été l'abréviateur, et qui, comme on sait, était instituteur des petits-fils d'Auguste. Malheureusement le texte de Festus ne nous est point parvenu dans son intégrité. Le manuscrit des Farnèse, le seul qui nous en reste, est déplorablement lacéré dans la moitié de son texte. Au passage qui nous intéresse, la partie droite des lignes est à demi rongée de vétusté. Mais la substance nous en a été conservée par un second abréviateur, Paul Diacre, en ces termes : « Rufuli appellabantur tribuni militum a consule facti, non *a populo;* « de quorum jure quod Rutilius Rufus legem tulerat, Rufuli sunt vo- « cati [1]. »

L'*a populo* de l'épigraphie n'est donc autre que l'*a populo* de l'histoire et de la grammaire latine : contracté seulement en style lapidaire, comme dans toutes les locutions analogues. Qu'on veuille bien ouvrir la *Minerva* de Sanctius, ou l'*Index rerum et latinitatis* de la première venue des collections épigraphiques, celle d'Orelli, par exemple, à la lettre A, et au mot *procurator,* ou bien l'un des volumes de la collection de Berlin, entre autres le troisième, *passim,* et au mot *veteranus,* et l'on trouvera cinquante exemples de ce genre [2]. Ce n'est certes point pour le besoin de ma cause que j'imagine cette explication de l'*a populo;* je la trouve consacrée par l'érudition courante et par des analogies péremptoires : « Sprachlich ist, dit l'un des premiers épigraphistes du

[1] *De verb. signif.* page 260, édit. de Muller. Il est inutile de rapporter ici les restitutions du texte proposées par Scaliger et par Muller.

[2] *A Rufo præfecti, a secretis, veteranus ex aquilifero, ex signifero, ex equite, a rationibus, a veredis, ab epistolis, a patrimonio, a mandatis,* etc.

« siècle, zu vergleichen *præfectus fabrum a prætore* oder *a consule.* » L'assimilation est topique et décisive[1]. (Voy. dans Orelli, 3669.)

Telle était donc l'appellation commune et générale de ces officiers militaires. Vainement on a pensé, je crois, que leur nom spécial était celui de *comitiatus*, en invoquant l'autorité d'Asconius. Le texte allégué n'est point d'Asconius, mais du *pseudo*-Asconius, ce qui est bien différent, car il y a près de deux siècles d'intervalle entre le vrai et le faux Asconius. La confusion des anciens érudits, à leur égard, est aujourd'hui bien démontrée, depuis l'excellente édition d'Orelli, et les travaux de Maï, ainsi que de Madvig[2]. L'autorité du faux Asconius, le seul auteur qui ait affublé nos tribuns du nom de *comitiaux*, est donc très-suspecte et fort douteuse[3]; on n'en saurait tirer argument, car la dénomination de *comitiatus* est étrangère à l'antiquité classique, aucun écrivain de bonne date et de bonne note ne l'ayant employée. Le sentiment général est donc, avec tous les textes authentiques, favorable à la dénomination de *tribunus a populo*, ou *populi suffragio*. Du reste les deux qualifications peuvent avoir été simultanément reçues, et nous en ferions volontiers la concession. Quoi qu'il en soit, voici ce que rapporte le faux Asconius, d'après le texte d'Orelli (II, 142) : « Tribunorum militarium duo genera : primum eorum qui Rufuli dicuntur; hi in exercitu « creari solent. Alii sunt comitiati, qui Romæ comitiis designantur. » Ce texte n'a aucun sens privatif, il indique seulement l'origine comitiale ou populaire de l'élection, et en cela il s'accorde avec tous les témoignages, et rappelle les *duces a populo* de Valère Maxime.

On s'est appuyé toutefois, pour contester à nos tribuns le nom spécial de *tribunus a populo*, sur trois inscriptions qui, dit-on, *appartiennent à Marius*, et qui ne donnent point telle qualification au célèbre capitaine, bien qu'elles rappellent son tribunat militaire. Il y a ici, bien assurément, une méprise involontaire. Nous n'avons point d'inscriptions contemporaines de Marius, aucune inscription tumulaire, aucune inscription votive, rien, par conséquent, qu'on puisse dire appartenir à Marius. S'il y en a eu, les révolutions les ont détruites. Il reste trois fragments

[1] Voy. *Handb. d. röm. Alt.* II, 541.

[2] Voyez la préface de l'édition des *Ciceronis Scholiastæ* d'Orelli (Turici, 1833, 2 vol. in-8°), en tête du second volume, où se trouve transcrite une partie de la dissertation de Madvig. Cf. aussi les *addenda et corrigenda*, du tome Ier de l'*Historia scholiastarum latinorum*, de Suringar (Lugd. Batav. 1834, 3 vol. in-8°.)

[3] M. Mommsen, *loc. cit.* II, p. 541, n. 3, dit, à ce sujet : « Die Benennung « *tribunus comitiatus* beruht nur auf dem « durchaus *unzuverlässigen* Scholiasten « der Verrinen. » *Indigne de confiance* : c'est ainsi qu'il qualifie le *Pseudo*-Asconius.

d'*elogia*, relatifs à Marius, ce qui est bien différent, car ils sont d'une époque postérieure de plus d'un siècle. Lorsque le *principat* fut affermi, sans crainte de réaction, Auguste se donna l'air de la magnanimité. Il décora le Forum des statues ou des bustes des grands personnages du temps passé; quelques villes obtinrent l'autorisation d'en faire autant dans leurs murs. Et sur la base de ces monuments on grava de courtes notices, rappelant les actes principaux et les honneurs des grands hommes dont le souvenir était ainsi consacré. Le Valhalla de Munich rappelle cette fondation. Des notices dont il s'agit certain nombre est parvenu jusqu'à nous; elles ont reçu des épigraphistes le nom spécial d'*elogia*. Il y en a de relatives à Romulus, à Fabius Maximus, à Paul Émile, à Marius et à d'autres. Ces fragments d'antiquité ont été l'objet, parmi les savants, de vives discussions, qui ont été quelque peu apaisées par une dissertation de Morcelli, insérée au tome Ier de son grand ouvrage épigraphique, mais dont le dernier mot, après Orelli (I, 534 et suiv.) appartient à M. Mommsen, dans le Ier volume (pag. 277 et suiv.) du *Corpus inscriptionum latinarum* de Berlin, où les fragments subsistants de ces *elogia* sont réunis.

Il est évident et convenu que ces notices épigraphiques n'ont d'autre autorité que celle des préposés aux décorations publiques, institués par Auguste, ou commissionnés par les villes où l'on a trouvé de pareils monuments, comme Arrezzo et Pompéi. Trois de ces fragments concernent Marius, et le second d'entre eux est surtout de certaine importance; il porte le n° XXXII, dans le *Corpus* de Berlin[1]; mais il est clair que le texte est de l'époque d'Auguste. Or il est vrai que, dans ces trois fragments, le tribunat militaire de Marius est mentionné, sans l'addition caractéristique de l'*a populo;* mais *comitiatus* n'y est pas davantage indiqué. Si la suppression de cette note a été volontaire, c'est bien évidemment par un autre motif que celui qui est supposé par mon affectionné contradicteur. Auguste, qui supprimait le tribunat militaire électif dans l'armée, et qui rendait le service permanent, n'aura pas voulu conserver le souvenir d'une institution qui n'était plus en faveur, et qui rappelait une liberté perdue. L'absence de l'*a populo* dans ces fragments d'*elogia* s'expliquerait donc par la pensée politique du principat d'Auguste. Ces trois inscriptions n'appartiennent pas plus à Marius que telle inscription commémorative de nos monuments publics n'appartient au personnage qu'elle a voulu faire connaître et honorer. M. Mommsen a réparé l'omission de l'intendant d'Auguste, dans le *Corpus* de Berlin, en rappelant, pag. 291,

[1] Voy. *ibid.* Mommsen, p. 282, *med. 1e col.* Cf. Suétone, *Claud.* XXVIII.

la circonstance que Marius avait été *tribunus militum* A POPULO, d'après le rapport de Salluste. Mais cette particularité a pu paraître indifférente aux décorateurs; il suffisait de noter que Marius avait été tribun militaire, ce qui s'accordait avec la pensée politique. Plutarque, qui n'a point oublié d'indiquer que César fut χιλίαρχος par la faveur du peuple, a négligé cette circonstance dans la biographie de Caton l'Ancien. Qu'en conclure? que l'inadvertance ou l'omission du rédacteur des *elogia* ne saurait autrement tirer à conséquence.

Il est probable que, sous la domination de Sylla, les élections de tribuns militaires furent suspendues, ou que leur usage fut moins fréquent[1]. Mais, lorsque, sous le consulat de Pompée et de Crassus, en 684, la puissance tribunitienne fut complétement rétablie, César rechercha le titre de tribun militaire *a populo*[2], comme un complément de la réaction démocratique à laquelle il donnait son appui; et Suétone ainsi que Plutarque[3] nous apprennent qu'il obtint cette dignité, avec des marques spéciales de la faveur populaire, lui qui, dans ses campagnes des Gaules, devait plus tard trouver le tribunat militaire si incommode, le battre en brèche et substituer à son influence séculaire celle de ses *legati*. Nous apprenons, par une lettre de Cicéron à son frère Quintus, qu'il a demandé le *tribunatum a Cæsare*, et cette locution est confirmée par une inscription que nous rapportons, *infra*, au chapitre IV. C'était la contre partie de l'*a populo*[4].

Nous devons à Cicéron la dernière allusion au tribunat militaire électif[5]; et cette indication classique, qui correspond à 70 et 45 av. J. C. nous met, selon une expression aussi heureuse que juste, « au seuil « d'une période extrêmement troublée de plus de trente ans, période « tout entière vouée aux déchirements et aux violences des guerres « civiles, ou bien aux réactions d'un pouvoir absolu. » Quelle a été, pendant cette époque et depuis, la destinée du tribunat militaire électif? Il est difficile de le dire avec précision; mais, de même qu'avaient lieu les élections des autres magistratures, de même devaient avoir lieu celles des tribuns militaires des *quatuor primæ*. Ces dernières élections

[1] Voy. la *Commentatio* de Rubino, *De tribunicia potestate, qualis fuerit inde a Sullæ dictatura*, etc. Cassel, 1825, in-8°.

[2] Rubino, *loc. cit.* p. 18 et 19.

[3] Suétone, *Cæsar*, v : « Tribunatu « militum, qui primus Romam reverso, « *per suffragia populi* honor obtigit, auc- « tores restituendæ tribuniciæ potestatis, « cujus vim Sulla deminuerat, enixis- « sime juvit. » (Voy. l'édit. de Burmann, p. 17. — Plutarque, *César*, 5, Reiske.)

[4] Voy. Ernesti, *Ind. cic.* v° *Tribunus*, et Facciolati, v° *Tribunatus*.

[5] *Ad. Attic*, XIII, xxxiii, 3; et *Verr. act.* I, x, 30. Voy. l'*Officiel*, *loc. cit.*

suivaient les premières, selon l'usage; elles se pratiquaient sous la même influence politique, sans aucun embarras, et par des listes arrêtées dans les partis dominants. Seulement leur efficacité était le plus souvent paralysée par les circonstances; la permanence était devenue la loi de fait du service militaire, et les inscriptions nous confirment la pratique des *evocativa stipendia*[1]. Et comme, au moyen de la composition nouvelle des armées, depuis Marius et César, les grades étaient presque tous à la disposition des généraux en chef; comme, d'un autre côté, les élections ne conféraient que des titres à l'emploi, et non pas l'emploi déterminé de tribun dans telle ou telle légion; comme, enfin, les triumvirs des deux époques funestes eurent la nomination de toutes les charges, il advint évidemment que les élections du tribunat militaire n'eurent pour résultat que de conférer des titres sans fonctions, des honneurs sans réalité, et de nommer des officiers en disponibilité, dont l'appel possible à l'activité tombait avec l'année qui les avait vu élire. C'est ce que M. Mommsen a lucidement démontré dans le dernier volume de son *Manuel d'antiquité romaine*, publié il y a quelques mois; c'est ce que le docte Orelli, pénétré du sentiment de la vérité historique, avait pressenti, lorsqu'il écrivait, alors même que les monuments étaient incomplétement connus : *titulum, honorarium tantum opinor* (3439).

Tite-Live, on s'en souvient, atteste, sur l'an 394 (VII, v), que, de son temps, sous Auguste, *ut nunc*, le tribunat militaire était conféré par l'*imperator*. Mais il ne faudrait pas croire, pour cela, que l'élection ait disparu subitement avec la république. Je crois que les institutions anciennes ont mis plus de temps à faire place à des mœurs et à des institutions nouvelles. Auguste, plus habile que César, ne s'est pas montré pressé de hâter ce résultat; personne n'a été plus ménager que lui des vieilles formes; il s'est contenté d'assurer irrévocablement le fond des choses. Le recrutement de la légion a pris d'ailleurs successivement le caractère de tous les temps où il s'est opéré. Le *tribunus militaris a populo* était le monument d'une époque où le service était temporaire, et les charges civiles, comme les militaires, annuelles.

Après les lois Julia et Plautia (664,665), le recrutement s'était fait avec désordre dans toute l'Italie. A partir des guerres civiles le service changea de caractère. C'était jadis une obligation passagère du citoyen censitaire; il devint alors la profession des aventuriers de tout genre, une industrie privée, et tourna de fait à la permanence. La condition

[1] Orelli, 3460, 4966, et *alibi*.

légale restait temporaire, si l'on veut, mais la condition de fait était, depuis Marius, la longue durée; tout cela sans forme abrupte, mais par pente douce, irrésistible il est vrai. Auguste porta de l'ordre et de la régularité dans cette situation révolutionnaire. L'élection des *tribuni militum* devait tomber en désuétude avec son système. Mais Auguste en fit l'œuvre du temps plutôt que de ses lois[1]. Nous trouverons encore, sous son principat, des *tribuni militum a populo* qui gardent au moins leur titre honorifique, s'ils n'ont plus de charge active. Seulement on se contenta de constituer en face de cette charge vieillie un tribunat militaire impérial qui obtint la prééminence, et qui fut qualifié du nom du prince, *divi Augusti tribunus militum*. Nous l'avons indiqué dans notre précédent chapitre. Auguste, tout en flattant et en organisant la démocratie à laquelle il devait tant, offrait des appâts à la vanité voluptueuse de l'aristocratie. Son goût personnel l'y portait. Le paragraphe 38 de Suétone en est la preuve, en ce qui touche les dignités militaires. Il en dut être de même, sous Tibère et ses successeurs. Le tribunat électif ne disparaît avec évidence que sous les Flaviens[2]. Le faux Asconius en parle comme d'un fait de récente mémoire. Voilà ce qu'il est permis de conjecturer de divers textes de Suétone, et de quelques autres monuments historiques, tels que les *stratagèmes* de Frontin.

Sous Adrien, une constitution militaire se produit qui est la consécration solennelle et définitive de la révolution impériale. Elle apparaît comme le point intermédiaire entre la constitution d'Auguste et celle des empereurs chrétiens consignée dans Végèce. Mais ceci m'éloigne de mon sujet, et j'ai hâte d'y revenir en renvoyant à la belle histoire[3] de ce prince, que nous devons à M. Duruy. Aucun historien ne parle plus, il est vrai, de l'*a populo*, depuis Suétone; mais il a pu subsister comme purement gracieux et honoraire. On m'a répondu que l'*a populo* ne pouvait subsister, quand l'usage des comices avait disparu avec l'empire. L'objection serait capitale, s'il n'y manquait la vérité historique.

Les comices ont cessé de fonctionner sous Tibère seulement, comme élément de législation; quant à la forme comitiale, pour l'élection des magistrats, elle s'est prolongée jusque sous les Antonins; pure forme, il est vrai, mais qui suffirait pour expliquer la collation romaine d'une magistrature populaire.

[1] Voy. Suétone, *Aug.* XXXVIII et XL, *et ibi viri docti*, dans l'édition de Burmann. Cf. le § XXVII *ibid.* et *Tiber.* VIII.

[2] Plusieurs savants ont admis que Vespasien fut *tribunus militum a populo*, interprétant dans ce sens le § II de Suétone, *Vespas.* (Voy. les édit. de Burmann et de Hase, à l'*index.*) Je ne puis me ranger à cet avis.

[3] Duruy, *Hist. des Rom.* t. IV.

Le peuple romain avait complétement abdiqué dans les mains de J. César, selon Dion Cassius (XLIII, XLV).

Suétone raconte autrement l'organisation des pouvoirs du dictateur; qu'on me permette d'en citer le texte :

« Comitia cum populo partitus est, ut, exceptis consulatus compe- « titoribus, de cetero numero candidatorum, pro parte dimidia, quos « populus vellet, pronunciarentur; pro parte altera, quos ipse edidisset. « Et edebat per libellos, circum tribus missos, scriptura brevi : Cæsar « dictator illi tribui : Commendo vobis illum et illum, ut vestro suffragio « suam dignitatem teneant[1]. » C'était la candidature officielle.

Sous Auguste la forme fut plus piquante et plus polie. Je laisse encore parler Suétone :

« Quoties magistratuum comitiis interesset, tribus cum candidatis suis « circumibat, supplicabatque more solemni. Ferebat et ipse suffragium « in tribubus, ut unus e populo[2]. »

Ainsi Auguste respecte la forme comitiale pour l'élection des magistrats. Il la respecte même pour la confection des lois, et nous avons de lui bon nombre d'actes législatifs rendus dans la forme usitée sous la république. Seulement il paraît que la tenue des comices était une comédie. Mais peu importe pour la question : la forme était observée. Les décurions des colonies qui, par la vertu de leur magistrature, avaient le *jus suffragii*, envoyaient leur vote à Rome, par la voie administrative, au lieu de s'y rendre en personne :

« Excogitato genere suffragiorum, quæ de magistratibus urbicis decu- « riones colonici in sua quisque colonia ferrent, et sub diem comitiorum « obsignata Romam mitterent[3]. »

Sous Tibère, on peut constater encore l'accomplissement de quelques actes législatifs, dans la forme consacrée : la loi *Junia norbana*, sur la condition des affranchis, une loi *Visellia* ayant probablement le même objet, et quelques autres d'existence problématique. Mais, sous ce prince, la forme du sénatus-consulte prévaut définitivement sur celle de la *lex* proprement dite; ce qui arrache à Tacite la célèbre exclamation qu'on

[1] Suétone, *J. César*, XLI. Cf. Dion Cassius, XLIII, XLVII, Sturz.

[2] Suétone, *Octav. Aug.* LVI. Au § XL, l'historien latin nous apprend qu'Auguste : « multiplici pœna coercito am- « bitu, Fabianis et Scaptiensibus, tribu- « libus suis, die comitiorum, ne quid a « quoquam candidatorum desiderarent, « singula millia nummum a se divi- « debat. » Il donnait de l'argent pour qu'on n'en prît pas des candidats !

[3] Suétone, *loc. cit.* XLVI. Cf. Schulze, *Von den Volksversammlungen der Römer* (1815, in-8°), p. 173, *seq.* Dion Cassius, LV, XXXIV.

connaît, dont le sens précis a été, du reste, très-discuté[1] par Schulze et par d'autres :

« Tum primum e campo comitia ad patres translata sunt. Nam ad « eam diem etsi potissima arbitrio principis, quædam tamen studiis tri- « buum fiebant[2]. » Les comices furent transférés du Forum dans le Sénat.

En fut-il de même pour les élections de magistrats? On l'a pensé généralement, quoique en vérité la forme en fût si peu gênante, que ce n'était pas la peine d'en faire un coup d'État. On a voulu même rattacher à la résolution de Tibère et à la phrase de Tacite le *tribunus senatus-consulto*, indiqué dans l'inscription dont j'ai parlé, *sup.* page 27, note 5e, et rapportée par Orelli (n° 2129). Mais ce *senatus-consulto* a été contesté, d'abord par M. Zell (p. 303, II), avec plus d'autorité par M. Henzen, avec plus d'apparence de raison encore par M. Mommsen, dont je partage le sentiment[3]. D'ailleurs cette inscription de Bude est évidemment d'une époque postérieure à Tibère.

Caligula voulut, paraît-il, restaurer l'usage des comices; et il y eut un commencement d'exécution[4], qui demeura sans suite effective.

Tacite nous montre Vitellius supportant très-courtoisement des libertés électorales ravivées :

« *Comitia* consulum cum candidatis civiliter celebrans, omnem infimæ « plebis rumorem, in theatro ut spectator, in circo ut fautor, adfectavit[5]. »

Simulacres encore, si l'on veut! Mais, il n'en faudrait pas davantage pour justifier une qualification de *tribunus militum a populo*[6].

Je termine par le témoignage de Pline le Jeune, dans son panégyrique de Trajan; on me dispensera d'en alléguer d'autres à l'appui :

« Comitiis tuis interfuisti candidatus, non consulatus tantum, sed « immortalitatis. — Vidit te populus romanus in illa vetere potestatis « suæ sede (*h. e. in campo martio*); perpessus es longum illud carmen « comitiorum (*h. e. formulam precationis, qua dii invocabantur a magis- « tratu qui comitiis præerat*[7]). » Et plus bas : « tuo judicio (Trajane) « consules facti, tua voce renuntiati sumus; ut idem honoribus nostris « suffragator in curia, in campo declarator existeres[8]. »

[1] Voy. Schulze, p. 174, et Hein. *Ant. rom.* ed. Mühl. p. 276.

[2] Tacite, *Annal.* I, xv. Cf. Dion Cassius, LVIII, xx et LIX, ix.

[3] *C. i. lat.* de Berlin, III, 1, nos 3472 et 3272.

[4] Suét. *Calig.* xvi. Dion, LVIII, xx.

[5] Tacite, *Hist.* II, xci, et *Annal.* XIV, xxvi, où il est parlé des *comitia prætorum.*

[6] Voy. Suétone, *Domit.* x. Tacite, *Ann.* XIV, xxviii. Appien, B. I, ciii, etc.

[7] Plin. *Panegyr.* lxiii. J'ai intercalé dans le texte quelques notes des commentateurs.

[8] *Ibid.* xciii. Cf. les §§ lxiii et lxxvii.

Mais les tribuns militaires étaient-ils des magistrats? Sans aucun doute. Salluste et Suétone leur en donnent le titre justement, car ils avaient l'*imperium* et la *jurisdictio*, dans le camp et ailleurs.

Je pense qu'après ces justifications l'argument tiré de l'absence de comices sous l'empire sera sans peine abandonné. Ils n'auraient donc point cédé légèrement à une apparence, à une ombre d'analogie, les grands maîtres de l'épigraphie moderne, lorsqu'ils ont reconnu, dans les *tribuni militum a populo* des inscriptions, les mêmes officiers militaires dont Tite-Live, Salluste, Festus, Frontin, Suétone, ont constaté l'existence, l'origine et les fonctions, sous la république et dans le haut empire. Quel que soit l'entraînement de la nouveauté, quelle que soit la séduction du talent déployé dans la défense de l'hypothèse contraire, j'avoue mon inclination à rester prudemment à l'abri de ces grands noms, et à suspendre au moins mon jugement jusqu'à production de pièces nouvelles, la loi de Genetiva n'ayant pas, à mes yeux, cette vertu de changer nos idées sur ce point.

CHAPITRE III.

LES *TRIBUNI MILITUM A POPULO* DE L'ÉPIGRAPHIE.

Juste-Lipse, l'un des plus solides érudits des temps modernes, en même temps que l'un des critiques les plus sagaces et les plus pénétrants dans ses conjectures, ne connaissait aucune inscription relative à nos tribuns militaires électifs. Gruter lui-même, le fondateur de la science épigraphique au début du XVIIe siècle, n'en connaissait encore aucune. Et pourtant Juste-Lipse, qui a si bien défini ces officiers supérieurs, dans son fameux traité *De militia romana*, demeuré classique, malgré les trois siècles écoulés depuis sa publication, Juste-Lipse, dans une intuition de génie, a qualifié d'*a populo*[1] nos tribuns militaires, par la seule induction des textes anciens qui lui étaient connus, et que nous avons rapportés; et en cela il a devancé la notoriété épigraphique, qui avait consacré à son insu la dénomination dont il s'agit.

Notre dernier chapitre a indiqué l'origine de cette qualification, et démontré l'identité de l'office militaire qu'elle désigne avec celui qu'un scholiaste des bas siècles a décoré du nom de comitial. La revue rapide des inscriptions relatives à notre sujet, et aujourd'hui connues, va nous

[1] *J. Lipsii opera*, édit. d'Anvers, 1637, t. III, p. 57.

montrer que l'épigraphie n'a introduit à cet égard aucun changement dans les voies de l'érudition, et que la doctrine traditionnelle de l'archéologie romaine n'en est point ébranlée, malgré les tentatives de quelques esprits portés à la singularité, comme Lange et Boissieu, demeurés isolés dans le concert de l'Europe savante. Aucun monument épigraphique ne définit, il est vrai, le *tribunus militum a populo*, mais aucun ne détruit les indications des historiens et des grammairiens latins, qui doivent demeurer comme les guides de l'érudit dans l'interprétation de l'épigraphie. Les inscriptions ne parlent de l'office militaire dont il s'agit qu'à l'occasion du *cursus honorum* d'individus qui en ont porté le titre. Ce sont des inscriptions tumulaires ou votives, sur lesquelles ont été portés et mentionnés tous les honneurs dont le défunt ou le destinataire ont été revêtus. C'est ainsi que les réalités de la vie se traduisent par l'épigraphie. L'inscription cumule donc souvent des honneurs purement municipaux avec des honneurs publics ou d'État, suivant que le personnage dont il s'agit a été l'objet tout à la fois des uns et des autres, et sans que le voisinage ou la juxtaposition de ces honneurs en altère le caractère ou le titre. Je pourrais citer des centaines d'inscriptions à l'appui de cette remarque. Ainsi, chez nous, un homme peut avoir été, pendant sa vie, colonel d'un régiment et conseiller municipal de sa commune, sans qu'on puisse induire de l'inscription sépulcrale qui rappellerait ce souvenir, que l'emploi de colonel est un emploi municipal. Cette observation aussi simple qu'évidente, jointe à l'indication des dates probables de nos inscriptions, va nous fournir l'explication naturelle et facile de tous les monuments épigraphiques relatifs à ce sujet et relevés jusqu'au présent jour.

Nous connaissons à ce moment vingt-une inscriptions, qui sont en grande partie de récente découverte, et sur lesquelles on lit, ou bien l'on croit pouvoir lire, la qualification de *tribunus militum a populo*. Sur ce nombre dix appartiennent aux ruines de Pompéi. Je ferai de celles-ci l'objet d'une étude collective, après l'examen des dix premières.

ARTICLE PREMIER.

LES INSCRIPTIONS DE VÉRONE.

Et d'abord, parmi ces inscriptions éparses, celle qui frappe en premier lieu mon attention est une inscription de Vérone, où la qualité de *tribunus militum a populo*, gravée en toutes lettres, ne laisse aucune place au doute, et où l'on voudrait voir l'indice d'une magistrature locale, accolée à d'autres dignités de même caractère. L'interprétation de ce monument me fournira, je le crois, une réponse victorieuse. Voici l'inscription tout entière.

P. BAEBIO P. FIL. | POB. TVTICANO | TRIB. MIL. A POPVLO | PRAEF. EQ. PRO LEG. | PONTIFICI IIII VIR. | PLEBS VRBAN. | PERMISS. DEC. |

A P. Bæbius, fils de Publius (de la tribu) poblilia (surnommé) Tuticanus, tribun militaire a populo, *préfet de cavalerie, prolégat, pontife, quatuorvir, la population urbaine (a élevé ce monument), avec la permission des décurions.*

Ce monument est parfaitement indigène. Gravé sur marbre rouge des carrières qui entourent Vérone, trouvé dans cette ville même, publié pour la première fois par Maffei[1], et depuis par beaucoup d'autres, on le voit encore aujourd'hui au musée de la ville, où il est inventorié sous le n° 187. Les présomptions tirées de son texte suffisent pour lui assigner une haute antiquité. Le quatuorvirat, sans détermination, est une magistrature de l'époque proconsulaire de la Transpadane, et antérieure à la loi Rubria, de l'an 711. Je puis donc négliger le *Poblilia* (*tribu*), qui me fournirait un autre indice de vieille date.

Vérone, fondée par les Gaulois Cénomans, reçut, après la guerre sociale, et par l'effet de la loi Pompeïa, de 665, le droit de latinité *sine deductione*. En 705 elle reçut la *civitas* avec les autres villes transpadanes, et des commissaires romains en organisèrent l'administration. Les lois Julia et Plautia (664, 665), lui avaient fait jadis entrevoir ce bienfait; diverses circonstances en retardèrent l'exécution; il fut réalisé pour Vérone en 705 seulement. Mais, quoique peuplée de colonies latines, la Gaule Cisalpine était pourtant une province proconsulaire. César en avait le commandement lorsqu'il passa le Rubicon.

En 709, date de la loi *Julia municipalis*, la Cisalpine était encore province proconsulaire. Sa condition politique ne fut changée qu'après la loi Rubria. Jusqu'alors la juridiction avait appartenu au proconsul. Voilà pourquoi les magistrats municipaux de Padoue, de Vérone, de Modène et autres cités, ne prennent point jusqu'alors l'attribut déterminé de *Juri dicundo*, qui eût empiété sur la dignité proconsulaire. Ce sont des *IIII viri ædilitiæ potestatis*, ou des *IV viri* simples; mais en exécution d'une disposition de la *lex Galliæ Cisalpinæ*, les magistrats municipaux de la province prirent désormais la qualification de *Juri dicundo*. Tous ces événements sont constatés dans la savante et classique dissertation de M. de Savigny sur la table d'Héraclée; et nous avons d'autres ins-

[1] *Mus. Veron.* fol. 119, 6; et *Corp. inscr. lat.* de Berlin, t. V, 1, n° 3334.

criptions de Vérone, des premiers temps de l'empire, où l'ancien *IV vir* ne manque pas de se qualifier du *Juri dicundo*[1], qu'il n'avait point à l'époque de notre inscription.

Cette inscription est donc antérieure à l'an 711; par conséquent d'une époque où l'institution du *tribunus militum a populo* était en pleine pratique dans la capitale du monde romain, et où les attributions régulières des comices étaient encore en complet exercice. L'interprétation naturelle d'une telle qualification militaire est donc celle que consacrait alors l'usage général de la république.

Voyons maintenant le *cursus honorum* du destinataire de l'inscription; accuse-t-il, comme on l'a dit, un caractère exclusivement municipal? et peut-on en induire que la charge de *tribunus militum a populo* est véronaise plutôt que romaine? Pas le moins du monde.

Le monument est élevé à P. Bæbius, fils de Publius, agrégé à la tribu *Poblilia*, et surnommé Tuticanus. Indépendamment de son tribunat militaire *a populo*, il a été *præfectus equitum*, et prolégat, ce qui rappelle un autre emploi légionnaire et une charge césarienne. Aussi ces emplois dans l'administration *publique* sont-ils énumérés au premier rang parmi ses titres et honneurs. Puis viennent des charges purement *municipales :* il est *pontifex* et *IV vir* du municipe. L'*ordo* a permis de lui élever ce monument, en exécution de la loi Petronia, probablement; et c'est la *plebs urbana* qui acquitte cette dette de reconnaissance. Tel est le *cursus honorum;* il cumule les titres du défunt, qui sont de qualité diverse, ainsi qu'on dut le rencontrer alors dans une foule d'individus; et le bon sens indique qu'il en était ainsi bien souvent. On était fonctionnaire de l'empire en même temps que fonctionnaire municipal, et des centaines d'inscriptions nous offrent des exemples de ce cumul dans les *honores*. De ce que le titre de *tribunus militum a populo* se trouve à côté du titre de *IV vir*, il ne s'ensuit donc pas que le premier soit municipal comme le second. Pour fixer le caractère du premier, il faut prendre les mots dans leur acception usuelle; et l'acception de *tribunus militum a populo* n'était alors douteuse pour personne. Se reporter au temps, pour interpréter une inscription, est la première règle qu'indique la critique.

L'inscription de Vérone est de l'époque la plus troublée, sans doute mais la mieux ordonnée encore de l'antiquité romaine, et j'en tire des conclusions qui excluent l'attribution d'un *tribunus militum a populo* à la cité transpadane du VIIIe siècle de Rome. La juxtaposition des titres di-

[1] Voy. *Inscrip. neap.* de Mommsen, n° 4336 et 4337, p. 229, et t. V, 1, n° 4433, du *Corpus inscr. lat.* de Berlin, et *alibi passim*.

vers d'un personnage n'entraîne pas la confusion de leur caractère, et, pour déterminer celui-ci, il faut consulter la langue du temps, surtout quand il s'agit de l'époque classique, et de cités italiques, comme Vérone, à qui Tacite donne la qualité de colonie romaine. Maffei, en publiant cette inscription, avait déjà signalé le cumul des charges de diverse nature, publique et locale, que constate le monument, et, depuis l'illustre antiquaire de Vérone jusqu'au dernier éditeur de l'inscription, M. Mommsen (1872), tous les érudits l'ont interprété de la même manière. On ne peut donc tirer de l'inscription Véronaise aucun argument en faveur de la thèse opposée à la mienne. Le rang qu'occupe la qualité de *tribunus militum a populo*, dans les honneurs de P. Bæbius, indique seul que c'était la plus haute dignité à laquelle il eût été appelé. Elle avait le pas sur la préfecture de cavalerie et sur la prolégation; à plus forte raison sur les charges locales de *pontifex* et de *quatuorvir*.

Le musée de Vérone conserve une autre inscription, que Maffei accole à la précédente, et qui porte le n° 191 dans la disposition actuelle de cet établissement, mais qui n'est point de même origine territoriale, et dont le texte, relevé de nouveau par M. Mommsen, sur le marbre original[1], mérite quelques remarques particulières. Ce n'est point une inscription votive, comme celle de la *plebs urbana* véronaise; elle n'a point de caractère public. C'est une simple inscription sépulcrale consacrée à la mémoire d'un époux, de sa femme et de sa fille. Son caractère est donc purement privé. Trouvée jadis à Aquilée, elle fut envoyée à Padoue, en 1644, par une abbesse, qui en fit présent à un savant professeur de l'université de cette ville, lequel, à son tour, en fit don à un autre érudit de Rovigo, des mains duquel elle passa dans le musée de Vérone, où Maffei l'a recueillie.

Mais, dans ces voyages, la pierre a fini par éprouver des dommages. Elle est aujourd'hui brisée ou fêlée en trois fragments, qui peuvent heureusement se raccorder avec facilité, et sur lesquels les défaillances des lettres peuvent être aisément suivies et suppléées. En voici la représentation exacte d'après M. Mommsen, qui l'a collationnée en 1872, et qui a marqué les cassures non indiquées par Maffei.

Q.GAV | IV | S.Q.F.
AQVI | LA | .DECVRIO.
TR.M | IL | .A.POPVLO.
HORTIA | C | .F.SECVNDA.
V | V X | OR.
GAVIA.Q | . | F.FILIA.

[1] Voy. le *Corp. inscr.* de Berlin, t. V, 1, n° 916.

La conclusion à tirer de ce monument semble, au premier aspect, triomphante pour l'opinion opposée à la mienne. En effet, voici, en apparence, un décurion dont la dignité municipale est mise en ligne avant la dignité du tribun militaire *a populo*. N'est-ce pas l'indice d'une égalité de nature entre les deux emplois, et de la subordination du second au premier? Par conséquent, on aurait ici la démonstration de l'existence d'un tribunat militaire municipal dans la cité transpadane d'Aquilée.

Cette conséquence manque malheureusement du solide appui d'une prémisse incontestable, et les rudiments de l'archéologie épigraphique vont dissiper cette ombre d'argument, au moyen d'une explication que nous croyons sans réplique. Constatons tout d'abord que l'inscription d'Aquilée est aussi ancienne que celle de Vérone; les caractères en sont à peu près identiques, et attestent une égale vétusté. Les observations des érudits s'accordent à le reconnaître, et le texte même en fait foi. *Litteris pulchris et alte incisis, antiquæ ætatis*, dit M. Mommsen. Les circonstances géographiques et politiques des deux monuments en rapprochent la date. Aquilée était du même gouvernement proconsulaire que Vérone, et a suivi à peu près les mêmes destinées, soit pour la collation du *jus civitatis*, soit pour la collation de la latinité, avec cette différence qu'il y eut *deductio* de colons pour Aquilée, tandis qu'il n'y en eut pas pour Vérone, ce qui importe peu pour la question [1].

Mais l'inscription véronaise et l'inscription d'Aquilée diffèrent en un point capital. L'inscription véronaise constate, en la personne de P. Bæbius, un cumul d'emploi public d'empire et d'emploi municipal, l'inscription d'Aquilée ne nous offre qu'une série hiérarchique d'*honores* purement militaires : il n'y a pas ici le moindre grain d'emploi municipal. Q. Gavius n'a suivi qu'une carrière, celle de soldat, et il l'a parcourue depuis les grades modestes jusqu'au plus élevé. Tout est donc changé, dans les personnages, dans les choses, et dans l'interprétation épigraphique elle-même, par rapport au *cursus honorum*, dans les deux monuments; la preuve nous en paraît élémentaire. Suivons le texte d'Aquilée en ses points principaux.

Q. Gavius, qui en est le premier personnage, appartient à une famille très-répandue dans la Cisalpine. Ce nom abonde en la province, à Vérone, à Aquilée [2]; mais il est aussi fort connu à Rome, où il a été porté

[1] Voy. M. Mommsen, *loc. cit.* p. 83; Grotefend, *Imperium romanum tributim descript.* p. 31; Marquardt, *Röm. Staatsverwaltung*, I, p. 65 et suiv. (1873).

[2] Voy. dans le tome V, 1, du *Corp. inscr.* de Berlin, *passim*, et spécialement aux nos 1227 à 1233 et 3622 à 3630.

par des individus opulents, et où il a reçu les honneurs consulaires[1]. Le caractère privé de l'inscription a peut-être fait négliger l'indication de la tribu. Plus probablement l'inscription est antérieure à la collation de la *civitas* à la Transpadane (705), et, par conséquent, à l'agrégation des transpadans aux diverses tribus romaines.

Quant à l'AQVILA, il ne faut pas, je crois, y voir un *cognomen*, quoiqu'il ait été celui de plusieurs *gentes* romaines[2]. Aucun autre des nombreux GAVII de la Cisalpine n'en est affublé. Cette famille était latine d'origine, et le deuxième volume de l'*Ephemeris epigraphica* (1874) nous en révèle plusieurs inscriptions en langue osque. *Aquila* indique ici un titre militaire, qu'il est facile de déterminer. Qui ne connaît ces vers de Juvénal (XIV, 196-197) :

> Dirue Maurorum attegias, castella Brigantum,
> Ut locupletem aquilam tibi sexagesimus annus
> Afferat.

Sur quoi le *Vetus scholiastes* du satirique a noté : *Ut signifer sis, stipendiis emeritis, anno sexagesimo*[3]. AQVILA est donc en ce lieu pour *signifer*. C'est par cet *honor* qu'a débuté Q. Gavius. Aussi l'un des plus estimés éditeurs de Juvénal, au siècle dernier[4], Camille Silvestri, a t-il cité notre inscription, comme éclairant le texte du poëte, dans le sens de *munus signiferi*. De porte-drapeau, ou porte-aigle, il a passé décurion, c'est-à-dire chef d'une décurie. On sait aussi que, dans la légion romaine, le manipule se subdivisait en deux centuries, et la centurie en dix décuries; de là, le décurion légionnaire, qui n'a rien de commun avec le décurion municipal, et dont beaucoup d'inscriptions nous certifient l'existence. Enfin notre Q. Gavius a couronné sa carrière par le grade de tribun

[1] Voy. Orelli, *Onomast. Tull. pars* 2ª p. 269, et *pars* 1ª, p. cxciv; il y avait aussi des *Gavii* en Campanie; *Eph. epigr.* II.

[2] Voy. Rosini, *loc. cit.* p. 914.

[3] Voy. le Juvénal de l'édition d'Henninius (1696), in-4°, p. 371 et 655. Les commentateurs modernes ont donné à l'*Aquila* de Juvénal la signification plus probable de *primipilaris*, qui constituait un grade fort recherché, lequel se payait même fort cher, au rapport de Pline l'ancien, cité par Henninius. Mais, si *aquila* peut être considéré, par de bonnes raisons (voy. *Végèce*, II, VIII), et dans la *satire* de Juvénal, comme synonyme de *primipilaris*, c'est toujours à cause de la garde de l'aigle de la légion, et il n'en est pas moins certain que, dans une signification plus ancienne, *aquila* équivalait à *signifer* ou *aquilifer*, et le témoignage du *Vetus scholiastes* en est la preuve.

[4] Cette édition de Juvénal, publiée à Padoue en 1711, in-4°, est demeurée fort rare en France, quoique annoncée dans le *Journal des Savants* de 1713. Voy. le Juvénal de Ruperti, t. I, *Ind. editionum*. — L'absence de *cognomen* est fréquente en épigraphie.

militaire obtenu à Rome, probablement dans les troubles civils, et par l'élection populaire.

Quant à l'ordre dans lequel ces *honores* militaires sont groupés dans notre inscription, il est conforme à la pratique attestée, en pareil cas, par les autres monuments épigraphiques. On réservait le plus haut grade pour le dernier, en commençant par le moins élevé. Je n'en citerai que l'exemple suivant, bien qu'il y en ait beaucoup d'autres : C.VIBIVS. C.F. | COR.QVARTVS. | MILES LEG V.MACED. | DECVR.ALAE. SCVBVLOR. | PRAEF.COHORT.III.CYREN. | *etc.* Sur quoi les épigraphistes nous avertissent qu'il faut lire les inscriptions de ce genre, comme si l'on avait écrit : *antea* MILES, *deinde* DECVRIO, etc.[1] Sur une autre inscription, nous sommes avisés de lire : *antea* DECVRIO, *deinde* PRAEPOSITVS COHORTIS[2]. Sur une autre : *antea* SINGVLARIS, *deinde* DECVRIO[3]. Je n'ai pas besoin d'ajouter l'indication d'autres exemples commémoratifs du décurion légionnaire; ils fourmillent dans les recueils[4]. Notre inscription d'Aquilée est donc une inscription complétement militaire, sans mélange de civil, et le titre de *tribunus militum a populo*, qui s'y trouve consigné au sommet des *honores* militaires de Q. Gavius, prouve invinciblement le caractère public de cette dignité, à l'exclusion de toute teinte municipale. Ainsi l'ordre inverse des *honores*, en ces deux inscriptions de Vérone et d'Aquilée, nous conduit à la même conclusion archéologique.

ARTICLE II.

L'INSCRIPTION DE CERVETRI.

Je passe à une autre inscription, celle de Cervetri; elle est de ré-

[1] Voy. Mommsen, dans le *Corp. inscr. lat.* de Berlin, III, n° 647, et p. 1157, au mot *Decurio*.

[2] Voy. *ibid.* n° 5918^{b}, p. 727.

[3] Voy. *ibid.* n°s 3350 et 3494. *Add.* n° 3272.

[4] Voy. dans le seul volume III de la collection de Berlin : *Veteranus ex decurione*, n° 839, 846, 770, 1203, 1383, 1552, etc. — *Decuriones alarum prov. Mauretaniæ*, n° 5211. — *Decuriones alares*, n° 855. — *Decurio equitum*, n° 2759, 6320, etc. — La valeur précise du grade de décurion légionnaire a pu varier avec le temps; la chose est sensible, mais nous n'avons pas à nous y arrêter, dans l'intérêt de la discussion engagée. Remarquons seulement que la sagacité savante d'Orelli lui a fait défaut évidemment dans son explication du n° 3389 de sa collection, où il faut interpréter le D.FACTVS EST, dans le sens du décurionat militaire, et non dans le sens du décurionat de la cité de *Cularo*.

cente découverte. On en doit la connaissance à Kellermann (1837), et depuis lors elle a beaucoup occupé les savants. En voici le texte [1] :

M.MANLIVS.C.F.|POLLIO.|TR.MIL.|A POPVLO.PRAEF.|FABR.|CENS.PERP.|

Je me hâte de dire que c'est dans la dernière qualification de *censor perpetuus* que consiste incontestablement le contingent municipal de l'inscription. Ce titre est si rare dans les monuments épigraphiques, qu'on n'en connaît que deux exemples, et tous deux relatifs au même municipe, dont cette dignité paraît avoir été le privilége particulier. Ce municipe est l'antique *Cære* des Étrusques, l'Agylla des Pélasges. C'est sur les ruines du vieil *oppidum* que Kellermann, en 1837, a vu la pierre, qui probablement y est encore. C'est bien là, comme à Vérone, une inscription indigène, originale, portant son cachet et sa date; attributive à un Romain d'origine, d'une qualité militaire qui n'a rien de municipal, en même temps que d'une dignité administrative essentiellement locale. Nonobstant sa brièveté, l'inscription a une importance particulière, et quelques développements sont nécessaires pour en fournir la complète explication.

La cité des *Cærites* appartenait jadis à la Confédération étrusque. A l'époque de la prise de Rome par les Gaulois, elle fournit asile aux choses saintes des Romains, et Tite-Live, qui raconte la chose, constate aussi le contrat d'union qui fut le prix du service rendu. Mais, après avoir donné à Rome des preuves sensibles de leur attachement, à l'occasion de l'invasion gauloise, les *Cærites* manquèrent à la fidélité promise, et abandonnèrent la cause de leur alliée pour favoriser les villes étrusques insurgées. Ils avaient fait un faux calcul; ils en subirent les conséquences à la paix[2]. Au lieu d'une absolution définitive comme d'autres, ils n'obtinrent qu'un attermoiement, et encore à titre de grâce : *Movit populum non tam causa præsens, quàm vetus meritum, ut maleficii, quam beneficii, potius immemores essent;* et quinze années plus tard, après que Rome eut triomphé de tous ses ennemis, et qu'elle fut en puissance de mesurer aux municipes une participation politique graduée sur les mérites de chacun, *Cære* se trouva comprise dans une classe de cités qui, tout en obtenant le maintien de leur autonomie administrative, furent cependant privées de l'exercice de la *jurisdictio.* Elle passa au rang des *præfecturæ* et perdit toute espérance d'aptitude à la communication de la *civitas* avec le *suffragium.*

[1] Kellerm. *Vigil.* 69, n° 261. *Bulletin archéol.* 1839. Henzen, p. 425, *suppl.* Orell. — [2] Tit. Liv. VII, XX.

Nous devons à Festus la conservation d'un texte de Verrius Flaccus, qui définit exactement la condition de la *præfectura* romaine : *Præfecturæ eæ appellabantur, in Italia, in quibus erat quædam earum respublica, ... sed in qua . . . præfecti mittebantur quotannis qui jus dicerent.* Festus ajoute qu'il y avait deux catégories de ces *præfecti :* les uns qui étaient nommés, à Rome, par le suffrage public, et il donne les noms des municipes où ils étaient envoyés; les autres, simples commissaires du *prætor urbanus*, lequel les déléguait chaque année dans un certain nombre de cités, où ils rendaient la justice au peuple, et appliquaient les lois propres du municipe. Parmi ces municipes subalternes, Festus comprend la cité des *Cærites.*

Hors ce seul point d'un *præfectus juri dicundo*, nommé à Rome et renouvelé tous les ans, la *præfectura* gardait d'ailleurs les caractères généraux d'un *municipium.* Mais c'est par un autre point que la cité des *Cærites* avait été le plus sensiblement frappée. Ses habitants avaient été classés, comme nous l'avons indiqué, parmi les *municipes* dépourvus d'aptitude au *suffragium* et au *jus honorum* des Romains. *Hinc*, dit Aulu-Gelle [1], *tabulæ Cæritum appellatæ, in quas censores referri jubebant, quos notæ causa suffragiis privabant.* Admissibles au *jus honorum* chez eux, ils n'avaient point la même aptitude dans la cité romaine, où ils étaient perpétuellement réputés *Ærarii.* Du temps d'Horace [2], encore, les *Cærites* étaient signalés par ce cachet particulier : *Cærite cera digni.*

Tel était donc le municipe dans les ruines duquel a été découverte l'inscription qu'il s'agit d'examiner. La constitution particulière de cette ville jette un grand jour sur la discussion, et l'on peut déjà le pressentir. L'inscription elle-même exhale un parfum d'antiquité que les maîtres ont reconnu : cette sobriété, cette dignité, qui distinguent l'épigraphie du siècle où vécut Auguste [3]. On peut sans témérité la faire remonter au temps de César. C'est ce qu'a proclamé l'un des épigraphistes les plus distingués de notre temps, M. W. Zumpt [4].

Le monument n'est point à l'honneur d'un citoyen municipal, étrusque d'origine, indigène de *Cære* même. L'inscription est consacrée à la mémoire d'un personnage appartenant probablement à la *gens Manlia*, l'une des plus nobles de la République romaine.

M. MANLIVS. C. F. POLLIO. Dès cette première ligne, nous ap-

[1] Gell. XVI, XIII. Pseudo-Ascon. p. 103, Orell.

[2] *Epist.* I, 6, 62. Hein. *Ant. rom.* p. 227. Mühl.

[3] Voy. Borghesi, *Opp.* tom. V, p. 165 de l'édit. paris.

[4] *Commentationes epigraphicæ*, tom. I, p. 81.

prenons beaucoup de choses; et d'abord, en ce qui touche le *prænomen*, il constate ce que nous savions déjà par Tite-Live (XLII, XLIX), que le décret de la *gens Manlia*, de l'an 372 de Rome, rendu à l'occasion du célèbre M. Manlius *Capitolinus* (Tite-Live, VI, XX), était tombé en désuétude. Le nom de l'illustre coupable avait été repris par ses descendants. Remarquons sur *Caii Filius* qu'un Caius Manlius figure sur des inscriptions de poterie qu'on reporte au VIIe siècle de Rome [1]. Un autre C. Manlius était consul à Rome en 105 avant J. C.[2] L'itinéraire d'Antonin indique, dans les parages de l'Étrurie et le voisinage de *Cære,* une station nommée *Manliana*, qui, probablement, était une villa de cette famille puissante [3]. POLLIO. Ce *cognomen* nous révèle une branche jusqu'à ce jour inconnue de la *gens Manlia*. Le surnom de Pollion est à joindre aux huit qui étaient donnés comme distinguant huit rameaux de cette race [4]. Ce surnom a été, du reste, usité dans beaucoup de *gentes* romaines, parmi lesquelles figure la *gens Asinia*, d'où sortait le Pollion de Virgile.

Tel est donc le destinataire de notre inscription : un personnage de l'aristocratie romaine, considérable par la naissance et la fortune; car il existe encore aujourd'hui une autre inscription à l'honneur d'un frère de ce Manlius, que M. Henzen [5] a recueillie à Rome, au Musée de Latran, gravée sur une grande base de marbre :

C. MANLIO. C. F. CENS. PERPET | CLIENTES PATRONO.

Ce monument, élevé par la clientèle de C. Manlius, n'est pas, à coup sûr, de la période impériale. Si M. W. Zumpt, qui écrivait en 1850, avait connu cette inscription, laquelle n'a été publiée qu'en 1856, il y aurait trouvé la confirmation démonstrative de son opinion, relative à l'âge de l'inscription de Kellermann. Les deux Manlius, censeurs perpétuels des *Cærites,* ont donc été des contemporains de César, ou tout au plus du principat d'Auguste.

Après les noms de famille, notre inscription indique les *honores* du personnage; et, au premier rang, elle place encore le titre de *tribunus militum a populo*. Ce titre peut-il être celui d'une charge municipale des *Cærites?* il n'y a pas d'apparence. On a vu ce qu'était ce municipe : cité libre, selon le droit et en la forme; cité subordonnée au fond et

[1] Voy. le *Corp. inscr. lat.* de Berlin, I, p. 209.

[2] *Ib. Fasti*, p. 532.

[3] Wesseling. *Vet. rom. itin.* p. 292.

[4] Voy. les *Antiq. rom.* de Rosini, p. 907, 912, 932 (éd. de 1743).

[5] Henzen, n° 7085 de son *Supplement. Orell.*

en fait; cité soumise, comme suspecte et pendant des siècles, à une sorte de surveillance de la haute police du gouvernement romain; ses habitants privés de la faculté d'acquérir à Rome les droits politiques, faculté qui était le droit commun des municipes latins, et classés parmi les *Ærarii* par les censeurs de la République; ce titre même d'inscrit aux *tabulæ Cæritum*, devenu significatif de la condition la plus humble et la plus subalterne. Enfin, un municipe privé de cet autre attribut général des villes de même ordre, celui de faire administrer la justice dans ses murs par ses magistrats électifs et municipaux. Un simple commissaire annuel y remplissait cet emploi, commissaire délégué, non pas par le *populus* du municipe dominant et suzerain, non pas même par le sénat ou par les consuls romains, mais par le *prætor urbanus* seulement; voilà quelle était la situation hiérarchique de la cité des *Cærites* dans l'ordre des municipes.

Et l'on voudrait que le gouvernement romain, si méfiant, si inexorable, eût eu l'inconséquence de tolérer une force militaire quelconque, sous un commandement électif, dans une ville si mal notée, dans l'enceinte de laquelle il ne souffrait pas d'autre autorité judiciaire que la sienne? et cela au VIIe ou au VIIIe siècle de Rome, à une époque agitée où rien n'était encore assuré dans les conditions d'un gouvernement définitif; où la moindre étincelle pouvait encore mettre le feu à tous les coins de l'*orbis romanus;* car ce qu'on aurait admis chez les *Cærites*, il aurait fallu l'admettre dans les municipes plus dignes de confiance et d'égards publics; et le tout, pour expliquer une qualification épigraphique qu'on explique surabondamment par la pratique universelle du gouvernement romain et par les habitudes établies au VIIe et au VIIIe siècle de Rome. Le titre de *tribunus militum a populo*, donné à notre Manlius cæritain, est donc celui d'une charge publique romaine, et non celui d'une fonction municipale dans un *oppidum* de l'Étrurie.

Un autre titre suit, dans l'inscription, celui de tribun militaire électif: c'est celui de *præfectus fabrum*. Peu nous importerait que ce fût là une charge municipale, si telle paraissait être la vérité; mais il n'en est point ainsi. Le *præfectus fabrum* de l'inscription de Cervetri est encore un fonctionnaire de l'État. Quelque indifférente que soit ici la question, je la dois discuter pour ne rien laisser dans le doute. Non pas qu'il n'y ait eu aussi quelquefois dans les municipes, mais assez tard, sous l'Empire, des *præfecti fabrum*, ayant un caractère purement local: on en a beaucoup d'exemples. Mais ce n'est pas, je crois, le cas de celui que nous rencontrons à Cervetri.

Le *præfectus fabrum* répondait à ce que nous appellerions, aujourd'hui, un commandant du génie[1]. Le corps des *fabri* était hors du cadre des légions et avait son organisation spéciale, comme, de nos jours, le corps des ingénieurs. Quelques inscriptions indiquent des *præfecti fabrum* comme compris dans la hiérarchie de la légion; mais leur fausseté a été démontrée par Borghesi[2]. Le *præfectus fabrum* était attaché, non à une légion, mais à un commandement général plus ou moins considérable, ou à un gouvernement de province, ou à un service supérieur déterminé. Des manufactures d'armes ou d'équipements militaires étaient dirigées quelquefois par un *præfectus fabrum*. Leur service pouvait être permanent ou temporaire, selon l'occurrence. Voilà pourquoi, dans une foule d'inscriptions, on trouve la mention de *præfectus fabrum, bis, ter* ou *quater;* ce qui n'empêchait pas qu'en dehors de ces missions momentanées, de cet exercice accidentel, il n'y eût le grade pur et simple de *præfectus fabrum*, c'est-à-dire d'officier du génie, dont les inscriptions nous offrent de nombreux exemples; de même que plusieurs indiquent aussi les *imperatores* ou gouverneurs, auxquels le *præfectus* avait été attaché. Enfin, une détermination géographique localise souvent l'application du *præfectus;* et nous apprenons par là que l'officier dont il s'agit avait été préposé à telle ou telle fabrication d'armes ou de matériel de guerre, à telle ou telle direction du génie militaire, dans une circonscription indiquée.

On distinguait, de plus, alors comme aujourd'hui, des ingénieurs civils et des ingénieurs militaires. Des corporations d'ouvriers avaient à leur tête un *præfectus fabrum*, mais d'ordre purement civil. Des villes manufacturières avaient aussi des *præfecti fabrum* qui pouvaient revêtir le caractère de fonction privée, tout comme le caractère de charge publique. C'est au sens critique du lecteur et aux notes épigraphiques du monument à guider, à ce sujet, l'interprète.

L'épigraphie nous révèle donc des classes diverses de *præfecti fabrum*, dont la détermination exacte offre quelquefois, pour nous modernes, des difficultés qui ont été compliquées par des falsifications Ligoriennes, plus fréquentes en cette matière qu'en d'autres. De savants épigraphistes, tels que Hagenbuch et Borghesi[3] ont appliqué leur critique supérieure à tracer des règles générales d'interprétation à cet égard; et, par exemple, ils tombent d'accord que la simple désignation de *præfectus fabrum*, isolée de toute autre indication, représente le grade militaire d'officier supérieur du génie. Des centaines d'exemples, où l'évidence saute aux

[1] Voy. dans Marquardt, III, 2, p. 337.

[2] *Opp.* V, p. 365, s.

[3] V. Orelli, 3428 et *ib.* Henzen. Cf. Borghesi, V, p. 365 et suiv.

yeux, viennent à l'appui de cette observation, aujourd'hui passée en vérité élémentaire. C'est d'après ces données, et j'ose les dire infaillibles[1], que je n'hésite pas à reconnaître dans le titre de *præfectus fabrum*, de notre Manlius cæritain, un ingénieur romain et un officier militaire.

J'arrive au *censor perpetuus* qui termine l'inscription découverte à Cervetri. C'est une qualification curieuse et à peu près unique en épigraphie. Elle indique une magistrature propre au municipe de *Cære*. Il y en avait beaucoup de ce genre jadis en Italie, et c'était un reste des anciennes libertés locales, que la République romaine n'avait point supprimées. En établissant sa suprématie et sa suzeraineté sur la péninsule, Rome avait respecté l'autonomie des municipes italiotes, en tout ce qui ne blessait point la majesté romaine. La sûreté de Rome étant garantie, Rome admettait l'indépendance administrative des cités, à la condition que les municipes lui fussent politiquement subordonnés, qu'ils fournissent des contingents à ses armées, et se soumissent à son influence supérieure. A la suite de la guerre avec la ligue étrusque, les anciennes magistratures ou dignités politiques de ces peuples disparurent de fait. Le souvenir de leur nationalité rivale eût pu présenter des dangers[2], mais les cités furent libres d'emprunter à la confédération latine des formes administratives qui les rapprochaient de l'organisation romaine, tout en gardant une originalité dont la libre détermination ne leur fut pas contestée. Ainsi la cité cæritaine eut, ou d'origine ou d'adoption, un magistrat supérieur et municipal du nom de *censor perpetuus*.

En relevant les deux seules inscriptions où le titre de *censor perpetuus* soit consigné, M. Henzen ajoute la note suivante : *Censor perpetuus magistratus fuit Cæritum peculiaris, cujus unum modo alterum exemplum et ipsum Cæretanum novi*. La note est exacte, et M. Henzen n'est pas étonné de la singularité du fait, car la multiplicité, la variété des offices municipaux sont connus de tous les épigraphistes[3]; il n'en donne toutefois aucune

[1] Voy. Herzog, *Narb.* 589, 590, et p. 125-126, *app.* Cf. Morcelli, I, p. 300 et 303. — *Add.* l'exemple de l'art. CXXVII de la loi de Genetiva.

[2] L'expulsion des *reges*, à Rome, avait décidé l'expulsion des *reges* à Véies, à Clusium, à Tarquinies. Ce fut probablement la même raison politique qui fit disparaître les anciennes magistratures nationales de la confédération des Samnites. Tite-Live nous a conservé le souvenir d'un *Medix Tuticus*, magistrat supérieur et annuel, en Campanie, et dont le nom n'est plus accusé sous la domination romaine. Nous ne le retrouvons que sur les inscriptions osques récemment découvertes. (Cf. Liv. XXIII, XXXV, XXIV, XIX et *alibi;* et l'*Ephemeris epigraphica*, vol. II, fasc. 3, 1874, p. 166, 187, 188, 190, etc.) Dans la haute Italie, nous trouvons un *princeps* municipal. Mommsen, *Inscr. lat.* tom. V, part. 1, n° 4893 et *passim*.

[3] Suppl. Orell. n° 7084.

explication. L'intérêt de mon sujet m'autorise à la proposer, ne fût-ce encore qu'à titre de doute. Il était de l'essence de toutes les fonctions publiques, dans les républiques italiques de l'époque dont il s'agit, que les charges en fussent électives et temporaires. D'où a pu venir, dans le municipe étrusque des *Cærites*, cette dérogation à la règle universelle du droit public municipal? Était-ce un reste des vieilles institutions de l'Étrurie, dont O. Muller nous a donné tant d'autres exemples? Ou bien peut-on y soupçonner quelque relation avec les *tabulæ Cæritum* dont j'ai déjà parlé?

Tous les censitaires du lieu étant *ærarii*, par rapport à l'acquisition des droits politiques, à Rome, la charge censoriale, la première pourtant des charges italiques, au VIIe siècle, était, dans le municipe cæritain, dépouillée de sa principale prérogative, privée de toute application positive, puisque la condition publique des *Cærites* était tristement uniforme, respectivement à la *civitas;* le *censor* municipal était réduit par conséquent à un stérile honneur, et dénué de tout pouvoir effectif, si ce n'est pour la *professio censualis* locale [1]. N'aurait-on pas voulu, par une combinaison ingénieuse, effacer cette infériorité, relativement aux municipes voisins, par la compensation de la perpétuité, laquelle était sans danger pour la suzeraineté romaine, attendu que tous les *Cærites* étaient placés sur une ligne identique et permanente à son endroit? Je donne l'hypothèse pour ce qu'elle vaut.

Quoi qu'il en soit, et en prenant le fait tel qu'il est, le titre de *censor perpetuus* appartient à une haute antiquité italique. M. de Savigny d'abord, et puis, avec plus de détails, M. W. Zumpt, nous ont appris que, à commencer du principat d'Auguste, une substitution graduelle et presque universelle remplace, dans les municipes, la charge censoriale par des *quinquennales* municipaux, sur lesquels nous reviendrons plus tard en traitant de la *lex municipalis* de Jules César. Or nous avons un monument épigraphique où cette substitution est constatée, pour la cité de *Cære*, en l'an 774 de Rome, sous le règne de Claude. Le vieux *censor perpetuus* avait, à cette époque, disparu de la hiérarchie municipale, dans l'ancienne ville étrusque. Ce monument est consigné dans la collection de Gruter, et sa date est déterminée avec exactitude par Orelli [2], comme se rapportant à l'an 21 de J. C. Les *quinquennales* ont

[1] Voy. le *fragm. Pithœanum*, indiqué par Heineccius. *Ant. rom.* p. 265, Mühl.

[2] Voyez Gruter, fol. CCXXXV, 9, édit. de 1616, cf. Orelli, t. II, p. 438, sur n° 5041, où la date des magistratures de Claude est précisée. Il y avait, à cette époque, un *præfectus fabrum Cæretanorum*. La circonstance importe peu pour nous.

remplacé la magistrature qu'avait occupée jadis le M. Manlius de l'inscription de Kellermann. Si M. W. Zumpt avait remarqué l'inscription de Gruter, il eût été confirmé dans son opinion touchant l'âge probable de la manlienne. Nous en trouvons, du reste, une preuve complémentaire dans un autre monument qui est venu jusqu'à nous; c'est le fragment d'un procès-verbal de délibération des décurions du municipe de *Cære*, rapporté dans la collection d'Orelli et dans les inscriptions napolitaines de M. Mommsen [1]. Les noms des consuls romains qui s'y trouvent indiqués lui donnent la date du 1er siècle de l'ère chrétienne. Les dignitaires municipaux y sont énumérés. *Cære* n'est plus préfecture à cette époque. On sait que cette institution de la République était tombée en désuétude sous l'empire; au lieu d'un *præfectus juri dicundo*, il y a un *ædilis juri dicundo*, magistrat moins élevé que le duumvir; il ne reste aucune trace du *censor perpetuus*.

En résumé donc, l'inscription cæritaine de Kellermann est au moins contemporaine d'Auguste [2], si elle ne l'est de J. César; contemporaine par conséquent d'une époque où nul n'a pu soupçonner l'existence d'un tribunat militaire électif dans les municipes, et où cette institution, au contraire, était de droit commun à Rome. Le personnage qui est l'objet de notre inscription a donc réuni, tout simplement comme le *tribunus militum* de Vérone, des emplois publics à des emplois municipaux. Ces exemples de cumuls sont si multipliés, et tellement justifiés par la constitution politique et sociale de l'*orbis romanus*, qu'il est superflu, comme nous l'avons remarqué, d'en rapporter les preuves pour les lecteurs de notre dissertation. Indépendamment de tous les recueils épigraphiques où ils se produisent en si grand nombre, on peut les voir exposés à tous les regards dans nos musées d'antiquités, à Nîmes, à Toulouse, à Lyon et ailleurs. On cumulait souvent des honneurs obtenus dans plusieurs municipes avec des honneurs émanés de l'État. Je ne citerai que cette inscription municipale publiée par M. Henzen (*Suppl.* Orell. 6937) : L. MARCIVS. Q. F. GAL. OPTATVS | AEDIL. TARRACONE. IIVIR. ILVRONE (Oléron) ET. IIVIR. QVINQVENNALIS. PRIMVS. | PRAEFECTVS. ASTVRIAE. TRIBVN. MILIT. | LEGIONIS. SECVNDAE. AVGVSTAE. | ANNOR. XXXVI. IN. PHRIGIA. DECESSIT.

Et cette autre (Orell. 3426) : SEX. AVIENO. SEX. F. ANI. PRI-

[1] Voyez Orelli, n° 3787, et Mommsen, *Inscr. neap.* n° 6828. Le marbre est encore aujourd'hui au musée de Naples.

[2] Voy. W. Zumpt, *Comment. épigr.* I, p. 81 et suiv.

MOPIL.IĪ.TRIB.MIL. | PRAEF.LEVIS.ARMAT. | PRAEF.CASTR. IMP.CAES.AVG. | ET.TI.CAESARIS.AVGVSTI. | PRAEF. CLASSIS.PRAEF.FABR. | IĪVIR.VENAFRI.ET.FORO.IVLI. | FLAMINI.AVGVSTALI. | NEDIMVS.ET.GAMVS.LIB. Elle a été trouvée à Venafrum même, où S. Avienus a été duumvir, comme il l'a été à Fréjus, après avoir exercé les grands emplois militaires consignés dans l'inscription, et après avoir été officier du génie : *præfectus fabrum*[1].

CHAPITRE IV.

LES *TRIBUNI MILITUM A POPULO* DE L'ÉPIGRAPHIE (SUITE).

Il est quatre autres inscriptions dont je voudrais, dès à présent, déblayer la controverse, afin de réduire la discussion à ses termes nécessaires. Je veux parler des trois tronçons d'inscriptions espagnoles, où M. Hübner, après M. Mommsen, a cru pouvoir conjecturer qu'avait existé la mention d'un *tribunus militum a populo*. Ces tronçons épars et vraiment informes ont été trouvés dans les ruines de l'ancien municipe flavien d'*Igabrum*, aujourd'hui la petite ville de Cabra, en Andalousie. On lit sur deux d'entre eux, parmi d'autres fragments de mots tronqués, les syllabes isolées AB PO, qui peuvent s'expliquer de diverses manières, et l'on a proposé d'y restituer : *Tribunus militum* AB *populo*.

Enfin, sur un troisième tronçon, on lit TRIB, puis, après un certain espace, un I, et l'on propose de transformer le tout en TRIB. *militum a populo*. Ces restitutions sont, à vrai dire, trop conjecturales; aussi n'ont-elles pas obtenu l'assentiment universel. Je ne trouverais point invraisemblable le fait qu'un tribun militaire électif eût été mourir en Espagne, à une époque indéterminée, toujours supposée fort ancienne; les noms recueillis à Igabrum sont d'une origine latine incontestable[2]. Mais je ne saurais reconnaître, dans une restitution si problématique, un élément

[1] Voy. surabondamment deux inscriptions rapportées par M. Mommsen dans ses *Inscript. confœderat. Helvet.* (1854) à l'art. *Genève, n°s 83 et 91*. Les destinataires ont été magistrats municipaux, tribuns légionnaires, *præfecti fabrum*, flamines, etc.

[2] Voy. le *Corp. inscr. lat.* de Berlin, t. II, p. 217, n°s 1625 et 1626. — On peut voir dans Millin, *Voyage dans les départements du Midi*, t. IV, p. 177, l'indication d'un fragment d'inscription trouvé près de Gap, où se trouve aussi le mot POPULO; mais on n'en peut tirer non plus aucune conclusion, pour ou contre notre système.

de débat sérieux pour ou contre la thèse dont il s'agit. Les accessoires et le fonds échappent donc ici à toute appréciation concluante; et l'épigraphie espagnole n'offrant aucun autre monument de ce genre, je reviens à l'Italie, où ont dû se concentrer naturellement les souvenirs du tribunat militaire électif, et où nous les trouvons, en effet, tous réunis aujourd'hui, à l'exception des vestiges douteux d'*Igabrum*.

L'inscription de Capoue, rapportée par M. Mommsen sous le n° 3628 de ses *Inscriptiones neapolitanæ*, p. 191, n'est aussi qu'un tronçon d'inscription, dont le célèbre épigraphiste n'a point cherché à pénétrer le sens et la portée; le mot OPVLO s'y rencontre, il est vrai, et M. Mommsen a, *transeundo*, proposé de suppléer : *trib. milit. a P...* Mais l'inscription, telle qu'elle est, comporte bien d'autres explications, telle que celle-ci : Au peuple de... et à Isias, Fal. Rufus a légué par son testament une somme de... pour tel usage. Il faut donc rayer l'inscription de Capoue, comme nous avons rayé les inscriptions d'Igabrum, du nombre des monuments épigraphiques dont on peut tirer argument dans la discussion en litige.

ARTICLE PREMIER.

LES INSCRIPTIONS D'OLEVANO, DE VELLETRI, D'AVELLINO ET DE CORFINIUM.

Mais voici une inscription découverte, en 1841, au bourg d'Olevano, dans les États pontificaux, à dix lieues de Rome environ. Il n'y eut, à cet endroit, aucun établissement municipal dans l'antiquité. L'aristocratie romaine y avait seulement des résidences d'été. Ce fut parmi les ruines de l'une d'elles que l'inscription suivante fut relevée par M. Abeken, un épigraphiste très-considéré, qui en envoya l'estampe à Borghesi, lequel répondit, comme on va voir, à cette communication, le 26 mai 1841[1] :

« Il y a peu de chose à dire sur l'inscription relevée par vous à Ole-« vano, laquelle se peut facilement et avec certitude restituer de la ma-« nière suivante :

M·M*u*NATVLEIVS·M·F.
ANI·M*a*RCELLVS
tr. mil. A·POPVLO

M·MVNATVLEIVS
C·F·ANI·MONTANVS
PATER.

« Elle est cependant de quelque importance, parce qu'elle nous révèle,

[1] *Œuvres de Borghesi*, t. VII, p. 346 et suiv.

« pour la première fois, l'existence de la *gens Munatuleia*, laquelle, à ma « connaissance (*per quanto so*), avait été jusqu'à ce jour complétement « ignorée, mais qui devait être d'antique origine, ainsi que le démontre « la vieille terminaison VLEIVS, qui lui était commune avec les *Gentes* « *Articuleia*, *Aurunculeia*, *Canuleia*, *Egnatuleia*, *Proculeia*, *Venuleia* et « autres.

« Le supplément restitué *tribunus militum* est nécessité par les mots « subséquents *a populo*, et cet office démontre encore ici que l'inscription, « si elle n'est du temps de la république, est au moins du temps des « premiers Césars (*quest' ufficio ci dimostra que anche la pietra, se non e* « *republicana, e per lo meno dei primi Cesari*). » Et Borghesi continue : « Ces « tribuns élus par le peuple étaient après tombés en désuétude, suffisam- « ment connus, du reste, par ce que nous en ont appris Tite-Live et « Festus, chez les anciens, et par ce qu'en rapportent Marini et Orelli, « chez les modernes. » (*Essendo in appresso andati in disuso questi tribuni eletti dal popolo, abbastanza noti per ciò che ne scrissero Livio e Festo, fra gli antichi*, etc.)

Après un pareil témoignage et d'un tel homme, je pourrais paraître impertinent, si j'ajoutais le moindre mot de commentaire. Voilà donc encore une inscription qui vient à l'appui de mon sentiment sur les *tribuni militum a populo*. Cette qualité n'a pas l'ombre de caractère municipal; elle n'offre ici aucune complication d'*honor* de municipe ou de localité. La fonction est évidemment romaine et d'État, le fonctionnaire est d'origine romaine; il appartient au patriciat antique, et le lieu de sa résidence est la campagne de Rome. Enfin la date, au jugement d'un des plus habiles connaisseurs de notre temps, est d'une époque où l'institution des tribuns militaires électifs était commune et courante, ou de pratique encore récente.

Je passe à l'inscription dite de Velletri, ou bien de Cora, donnée par Orelli, n° 3883, et je fais remarquer qu'elle fait double emploi avec le n° 3439 de la même collection épigraphique, l'une étant l'exacte reproduction de l'autre, avec la seule diversité de l'indication de la provenance. C'est une inattention d'Orelli, chez lequel de pareils *lapsus* sont rares. Avant d'en reproduire et d'en discuter le texte, quelques observations préliminaires sont indispensables.

Cette inscription, où il est fait mention d'un personnage qui aurait été successivement duumvir, *præfectus fabrum* et *tribunus militum a populo*, a été publiée pour la première fois par Muratori, sous le n° 482, 2, et ce savant la rapporte comme ayant été trouvée à Rome. Marini contesta cette provenance[1] et y releva quelques inexactitudes, sans toutefois discuter l'inscription elle-même. Il affirma que la pierre se pouvait voir joignant l'église de Saint-Jean, à Galiano, près d'Aquila. Puis est venu Morcelli, qui, reproduisant l'inscription avec plus d'exactitude, en 1818, en attribue l'origine aux ruines de Cora, vieille cité des Volsques, près du moderne Velletri, cité qui eut de grands débats avec Rome, ainsi que rapporte Tite-Live en plus d'un lieu[2]. En 1828, Orelli, sous le n° 3439, a rendu l'inscription à la provenance romaine, sans autre autorité, il est vrai, que celle de Muratori. Mais voici que, en 1852, M. Mommsen, publiant son grand et célèbre recueil des *Inscriptiones regni neapolitani*, restitue l'inscription au bourg de Galiano, près d'Aquila, pays des anciens *Pœligni*, où il est bien avéré qu'elle gît aujourd'hui. Toutefois, M. Mommsen la déclare suspecte. Il l'exclut de son inventaire géographique des inscriptions sincères, et il la classe parmi les *spuriæ*, avec la note suivante, sous le n° 834 des *falsæ vel suspectæ.*

Galiani adhuc extare ait Lupoli (*Inscr. Corfin.* p. 450), errore puto vel fraude; meliorum enim auctorum nullus novit, *neque ibi præterea duumviri inveniuntur, sed IIII viri*[3].

L'état civil de cette inscription est donc très-indécis. Elle n'appartient pas, au dire d'un maître très-expert, au pays des *Pœligni*, pays de quatuorvirat et non de duumvirat. Son origine romaine est très-problématique; sa provenance volsque est tout aussi douteuse, si toutefois elle n'est supposée. Il paraît assuré pourtant qu'elle provient de la banlieue de Rome. Je pourrais me dispenser de discuter ce monument, en l'état de l'incertitude qui plane sur sa sincérité. Mais je veux l'admettre pour vrai, afin d'éviter le reproche de fuir une difficulté. En voici le texte :

T·POMPVLLIVS·L·F·LAPPA
II VIR·QVINQ·TRIB·MIL·A·POPVLO.
PRAEF·FABR·EX·TESTAMENTO·ATRIVM.
AVCTIONNARIVM·FIERI·ET·MERCVRIVM.
AVGVSTVM·SACRVM·PONI·IVSSIT·
ARBITRATV EPAPHRAE LIBERTI[4].

(*Trad.*) T. Pompullius, fils de L. Lappa, duumvir quinquennal, tribun militaire *a populo*, préfet des *Fabri*, par son testament a ordonné la construction de cette halle marché, sous la direction de son affranchi Épaphras, et a voulu qu'on y consacrât cette statue de Mercure Auguste.

[1] *Atti e monum.* p. 548 du tome I.

[2] Voy. Forbiger, t. III, p. 718, 719.

[3] M. Wilmans semble partager le sentiment de M. Mommsen, auquel M. Henzen n'a pourtant pas adhéré.

[4] Voyez Henzen, tome III, page 347, § 3439.

Le nom du destinataire est romain, du moins on doit le conjecturer par le surnom de Lappa, qui était connu parmi les familles romaines[1].

Ce personnage était duumvir quinquennal. De quel municipe? Impossible de le dire. Il a cumulé cet *honor*, simultanément ou successivement, avec celui de *tribunus militum a populo*. A-t-il exercé cette dernière charge à titre de fonction d'État, c'est-à-dire d'emploi militaire proprement dit? C'est ce que démontre, d'une part, la qualité de *præfectus fabrum*, c'est-à-dire d'officier supérieur du génie dans l'armée romaine; et je ne répéterai point tout ce que j'ai déjà dit à ce sujet. C'est ce que démontre enfin la dernière partie de l'inscription en litige, qui nous fournit une date probable.

Le destinataire a ordonné, par testament, qu'une halle, ou marché, serait construite aux frais de sa succession et aux soins de son affranchi *Epaphras;* il a voulu, de plus, qu'une statue de Mercure fût élevée au milieu de cet *atrium auctionarium*, et, comme le moment où il disposait ainsi, par dernière volonté, était contemporain de l'apothéose d'Auguste, époque où les dieux de l'Olympe reçurent par adulation l'honneur de l'*augustalité*, il a qualifié le dieu du commerce d'*Augustus : Mercurium Augustum sacrum poni jussit.* Le fait paraîtrait étrange, s'il n'y avait pas cent exemples de pareilles qualifications. Auguste ayant passé au rang des dieux, même de son vivant, car il y eut des Flamines Augustaux pendant sa vie, les dieux passèrent, de leur côté, au rang d'*Augustes*. On eut Apollon *Augustus*, Junon *Augusta*, *Mercurius Augustus*[2]. C'était un échange de politesses olympiennes, imaginé par la bassesse des flatteurs[3]. Le *Mercurius Augustus* abonde, notamment au musée lapidaire de Lyon, et il y provient des ruines romaines de Lugdunum, où l'on sait que le dieu Auguste eut un autel solennellement consacré. L'inscription de Pompullius s'explique donc, comme toutes les autres, par les circonstances épigraphiques, par la date, et par un cumul de fonctions.

Voici maintenant l'inscription d'Avellino, colonie de vétérans, établis dans le pays des *Hirpini*, l'un des peuples jadis confédérés sous la dénomination générale de *Samnites*[4].

[1] Rosin, *Antiq. rom.* p. 925.

[2] On eut aussi des *Lares* Augustes, parce que le prince avait restitué, réorganisé le culte des dieux Lares. (*Musée de Nîmes*, p. 30.) On connaît encore *Nemesis Augusta*, *Silvanus Augustus*, *Venus Augusta*, *Vulcanus Augustus*, etc. *Corp. inscr. lat.* V, 813, 819 à 834, 835 à 836 et 838.

[3] Sur la déification d'Auguste, *de son vivant*, voy. *Musée de Nîmes*, p. 70.

[4] *Abellinum, muro ducta colonia : lege Sempronia deducta. Ager ejus veteranis est assignatus.* — Frontin, *De colon., init.*

Le texte de l'inscription n'est point encore invariablement arrêté, attendu que la pierre qui la porte, autrefois fixée contre l'autel de la cathédrale, est aujourd'hui égarée; mais M. Wilmans[1] en a donné la leçon la plus probable, d'après les meilleurs témoignages; et, sans l'adopter complétement, nous la reproduisons, de préférence à celle d'Orelli[2], laquelle est évidemment fautive :

SEPTIMIAE.L.F.SIL*vanae*
M.ALLIO.M.F.MEN.RVF*o*
PRAEF.FABR.CEN.Q.TR.MIL.A.P.E.R*omano.*
HVNC.DECVRIONES GRATIS.IN.ORDINEM.SV*um*
ADLEGERVNT.DVVMVIRALIVM.NVMERO.
ORDINEM.ADIIT.PETIITQVE.VT.DECRETO
QVOQVE.VOLVNTATEM.ESSE.ADSCRIB*erent.*

Les variantes de la première ligne me sont indifférentes, et je ne les discuterai pas. Elles ont peu d'importance et n'offrent aucun intérêt pour la question. Il est probable que Septimia était l'épouse du personnage indiqué dans la deuxième ligne : M. Allius, fils d'autre Marcus, surnommé Rufus, de la tribu *Menenia*[3]. Les *Allii* étaient une ancienne famille romaine, de tribu rustique, dont plusieurs membres avaient eu les honneurs du consulat[4], entre autres un S. Allius qui fut collègue de Scipion l'Africain, an 559 de Rome. Il y a beaucoup de monnaies avec les noms des *Allii* en légende. Une branche de cette famille résidait dans la *Campania*, vers la fin de la république; le nom d'un Allius figure en effet sur la dédicace d'un autel consacré à Jupiter, jadis visible à Capoue, aujourd'hui au musée de Naples[5]. Le nom a varié d'orthographe, selon les temps ou selon les caprices des graveurs[6].

Cellarius, I, 697, Zumpt, *C. E.* I, p. 336.

[1] Wilmans, II, 1894.

[2] Orelli, n° 3816. Cf. Mommsen, *I. N.* 1888, et Wilmans, II, 1894.

[3] Fabricius, *Vie de Cicéron,* p. 2, t. I de l'*Onomast. Orelli :*

« Ex tribubus autem xxxv, aliquam « necesse erat, cujuscunque ordinis esset « (Patr. aut Plebeius), civis romanus « obtineret. Atque a tribu, in qua cen- « sebantur, cives esse significabantur. « (Asconius in Verr. II[m], cap. VIII.) Cicero « autem cum reliquis Arpinatibus in « tribu Cornelia censebatur. » (Livius, XXXVIII, XXXVI.)

Cette obligation d'attache à une tribu n'est tombée en désuétude que sous les successeurs d'Auguste. Cf. Grotefend, *Imp. rom. trib. descriptum,* déjà cité.

[4] *Fasti,* de Mommsen, au *Corp. de Berl.* I, p. 436, et note de la page 446; cf. p. 162 et 134, et Orelli, *Fast. cons.*

[5] Mommsen, *I. N.* 3566. On a discuté l'identité des *Aelii* et des *Allii* (*Corpus i. l. berol.* I, p. 446, et Rosin. p. 930).

[6] Voy. A. Morell. *Thes. fam. rom.* II, p. 7, et Mommsen, *l. cit.*

Le personnage étant connu, je passe aux *honores* qui font l'objet de la troisième ligne de l'inscription. *Præfectus fabrum.* Notre Allius a été officier du génie militaire. Suit la sigle CEN.. qu'Orelli avait traduite après d'autres, mais avec hésitation, par CENTONARIORUM. Mais d'un côté, la leçon CEN. n'est rien moins qu'assurée, et un collecteur exact, qui avait vu la pierre, y a lu CÆS., ce qui donnerait une qualification très-acceptable, *præfectus fabrum Cæsaris*, justifiée par tout ce que nous avons dit sur cet office militaire, dans notre précédent mémoire. M. Mommsen ne rejette point cette variante. Quant à l'explication de la sigle par *centonariorum*, il la condamne péremptoirement : *Non centonariorum, ut vult* Orellius, 3816, dit-il en toutes lettres; et en effet l'ensemble de l'inscription repousse l'idée d'un directeur de confection de vêtements. L'abréviation de *censor* étant admise, il en résulte une présomption pour l'antiquité du monument, d'après ce que nous avons ci-devant exposé, sur la substitution du *quinquennalis* au *censor*, à partir du règne d'Auguste. Suit la sigle du mot *quæstor*, qui ne souffre aucune difficulté; on peut seulement se demander de quel municipe M. Allius a été *censor* et *quæstor*. Nous répondrons plus tard à cette question. Arrivent maintenant les abrégés de *Trib. mil. a. p.* sur lesquels il n'y a ni doute ni contestation.

La ligne est terminée par une lettre qui paraît bien être un E, Orelli n'en doute pas, et M. Wilmans encore moins, puisqu'il supplée à la brisure par un R, que l'éclat de la pierre aurait fait disparaître; le M. Allius eût été, d'après cette leçon, un chevalier romain. Mais d'autres, tels que M. Mommsen, au lieu de E. R., lisent le commencement du mot *legato;* d'autres enfin voient, au lieu d'un E, un F commençant le mot *facto : Tribuno militum a populo facto.* Cette dernière variante, après celle de M. Wilmans toutefois, paraît assez admissible. *Facto* serait justifié par le texte de Frontin, déjà connu et discuté.

Abordons les lignes suivantes. *Hunc decuriones gratis in ordinem suum adlegerunt, duumviralium numero.* C'est-à-dire que les décurions d'Abellinum ont appelé M. Allius à siéger dans leur ordre, en le dispensant des conditions nécessaires pour cette *allectio*, et l'ont même promu aux premiers siéges de l'*ordo*, au rang des duumviraux, les consulaires du sénat municipal. Quelques mots d'explication sont ici convenables.

Quoique l'*ordo* des municipes ne fût pas généralement décoré du nom officiel de sénat, l'*ordo* cependant était une image en petit de ce que le sénat romain était en grand. Il y avait, à cet égard, des usages qui étaient la règle des cités. Les conditions d'admission dans l'*ordo* furent, notamment après la guerre sociale, les mêmes que les conditions d'admission au sénat[1]. On y arrivait par les charges et par le cens. A Rome, ces deux conditions constitutionnelles furent l'objet de nombreuses vicissitudes, à travers les révolutions de la république romaine. Des lois intervinrent (an 320, an 442) pour faire respecter la règle, entre autres une célèbre loi Ovinia, et la charge de censeur reçut son principal éclat du pouvoir suprême qui lui était attribué, relativement à la composition du sénat. Sans parler de l'âge et de la naissance, les deux conditions essentielles de la *lectio senatus* furent, en temps régulier, l'exercice des grandes charges, et l'inscription au rôle des citoyens pour un cens déterminé. Jusqu'au début du VIIe siècle, quelque magistrature qu'on eût exercée, fût-ce même une magistrature curule, elle ne donnait point séance au sénat de plein droit, si ce n'est pendant l'année qu'on l'exerçait. Il fallait encore qu'on eût été inscrit au rôle par les censeurs. En l'an 623, le plébiscite d'Atinius décréta que les tribuns du peuple deviendraient sénateurs par le droit de leur charge, et Sylla attacha le même privilége à la questure, un demi-siècle après; mais la condition dominante était l'inscription au rôle pour le cens requis, sans quoi, à chaque lustre, les *honorati* pouvaient être *præteriti* par les censeurs[2]. Les *tribuni militum* élus par le peuple, c'est-à-dire des quatre premières légions, étaient de la catégorie des éligibles, s'ils y joignaient le cens exigé.

Dans les municipes latins, on se modela sur ces règles romaines, pour l'*allectio* dans l'*ordo;* soit qu'on eût imité en cela le grand municipe suzerain, soit qu'on en eût puisé la pratique dans une origine commune[3]. L'exercice des charges municipales et le payement d'un cens déterminé, selon les lieux, étaient donc les conditions de l'admission dans l'*ordo*, où les *honorati* avaient des siéges distingués. En ce qui touche le cens, les souvenirs classiques en fournissent la preuve. Voyez la lettre où Pline le Jeune[4] dit à son condisciple et compatriote Firmus, demeuré habitant du municipe de Como : *Municeps tu meus, et condiscipulus. . . esse tibi centum millium censum, satis indicat, quod apud nos decurio es.* De même, dans Pétrone, Ganymède s'emportant contre la maltôte d'un édile municipal s'écrie : *Jam scio unde acceperit denarios mille aureos*[5]; et l'on sait

[1] Voy. dans le tome I du *Thesaurus* de Grævius les traités de Paul Manuce et de Zamosc, *De senatu rom.* Cf. aussi Beaufort, I, 96, 102 et *alibi;* Hoffmann, *Der röm. senat,* p. 5, 12, 13, 15, 35, 49, 56, etc.

[2] Voy. Festus, v° *Præteriti.*

[3] Voy. Marquardt, *Röm. Staatsverwaltung,* I, p. 507 et suiv. 1873. Beaufort, II, p. 227-228. Herzog, *Narb.* p. 190. Zumpt, I. p. 118 à 126.

[4] *Ep.* I, 19. Giérig, 1806.

[5] *Satyr.* XLIV, p. 282, Burm; Marquardt et Bekker, *Handbuch,* III, 1, p. 367.

que mille deniers d'or équivalaient aux cent mille sesterces du cens municipal. Que ce fût là partout le cens normal du décurionat, je ne l'affirmerais pas, bien que cette opinion ait beaucoup de partisans[1]. Le chiffre a pu varier selon les richesses des municipes et selon les statuts de chacun[2]. Ainsi nous savons que, dans l'opulent municipe de *Gades*, le cens de l'ordre des chevaliers était fort élevé[3].

En ce qui touche l'exercice des charges municipales, l'âge et les bonne vie et mœurs, il y en avait disposition expresse dans la *Lex municipalis*, et les témoignages littéraires abondent à l'appui. Le nombre des décurions de chaque municipe était également limité par l'usage reçu, et, lorsque ce nombre était rempli, les éligibles inscrits devaient attendre des vacances pour être régulièrement introduits dans la curie[4].

Mais il s'était introduit de bonne heure, dans les municipes, la coutume de dispenser des conditions requises certains personnages dont l'admission honoraire dans le décurionat et dans certains colléges municipaux flattait la cité ou lui assurait un avantage, et les admissions de ce genre étaient qualifiées de *gratuites*. Que le *gratis* fût équivalent à dispense de conditions, c'est ce qui est démontré par l'inscription n° 2243 de la collection napolitaine de M. Mommsen, et le n° 1927 de la collection de M. Wilmans, où on lit en toutes lettres :

CVM . ESSET . ANNORVM . SEXS . ORDINI . SVO . GRATIS . ADLEGERVNT .

Cicéron reproche à Verrès d'avoir laissé les cités siciliennes s'échapper en abus à cet égard : *Cognoscere potuisti, tota Sicilia per triennium neminem ulla in civitate senatorem factum esse gratis, neminem ut leges eorum sunt*[5]. . . Mais la vanité ou l'intérêt des municipes paraît l'avoir emporté à la longue, et les collections épigraphiques, tout comme les monuments littéraires, abondent en indications d'admissions gratuites, c'est-à dire avec dispense des conditions. Voilà deux inscriptions d'Orelli (3918, 3920) qui nous parlent d'augustales gratuits. Un enrichi cynique dit, dans Pétrone, *sevir gratis factus sum*[6]. Gruter offre des inscriptions d'un *quinquennalis gratuitus*[7] et d'un *decurio gratuitus*[8]. Le musée de Nîmes

[1] Herzog, *Narb.* p. 191. Cf. Pilati de Tassulo, *Lois polit. des Rom.* I, 278.

[2] Ex. des *Agrigentini* et des *Halesini* ; Cicér. *in Verr. Acc.* II, 49, 50.

[3] Marquardt et Bekker, *loc. cit.* et *ibi* le texte de Strabon.

[4] Voy. Marquardt et Bekker, *loc. cit.* p. 369, n. 2373, et *ibid.* p. 365.

[5] *In Verr. Acc.* II, 49, 120; Marq. et Bekker, *loc. cit.* p. 366; Zumpt, *Comm. epig.* I, p. 116, 126, etc.

[6] *Satyr.* LVII, p. 375, Burm.

[7] Page 479.

[8] Page 475, 3 et 432 de l'édition déjà citée.

conserve une inscription gravée en l'honneur d'un C. Aurelius Parthenius qui avait reçu le décurionat tout à la fois à Nîmes, à Narbonne, à Lyon, à Orange et à Fréjus : *Ubique gratuitis honoribus*[1].

On appela quelquefois ces décurions ainsi dispensés du cens, des charges préalables et même de l'âge requis, *decuriones ornamentarii.* Nîmes en a plusieurs témoignages[2], et Muratori en cite un autre monument (723,2).

Tel est donc le genre de faveur dont fut honoré le titulaire de l'inscription d'*Abellinum : Hanc decuriones gratis in ordinem suum adlegerunt.*

Et la faveur du municipe ne se borne point là. Les décurions décernent à M. Allius un siége duumviral dans le sein de l'*ordo*, c'est-à-dire la place la plus distinguée, ce siége privilégié dont les attributions sont indiquées dans un fragment d'Ulpien, inséré au Digeste (liv. L, tit. III), où les rangs des décurions sont réglés en raison des honneurs et des services de chacun[3].

Et, afin que rien ne manque à la satisfaction réciproque, notre inscription constate que M. Allius s'est rendu dans le sein de l'*ordo* pour témoigner sa reconnaissance, *ordinem adiit,* et qu'il a demandé qu'on inscrivît au procès-verbal de la séance que l'honneur à lui décerné n'avait fait que constater son vœu prononcé : *Petiitque ut decreto quoque voluntatem esse ascriberetur*[4].

Que faut-il induire de tout ce qui précède ? Des conclusions décisives, ce me semble : 1° M. Allius n'a été ni *censor* ni *quæstor* dans le municipe d'*Abellinum;* il a pu occuper ces charges ailleurs, mais à coup sûr il ne les a point exercées à *Abellinum*, où elles lui auraient donné, de droit, l'entrée dans l'*ordo;* 2° M. Allius était étranger au municipe d'Abellinum; il n'y payait pas le cens requis, puisqu'il a été dispensé des conditions par le décret des décurions : il a été admis *gratis;* 3° M. Allius, *eques Romanus*, selon la leçon de M. Wilmans, n'a pas été tribun militaire à

[1] Musée de Nîmes, n° 212; Herzog, *App.* 183.

[2] Herzog, *App.* 188, 114. *Musée de Nîmes*, p. 34 et 111; Zumpt, I, p. 134.

[3] *Decuriones... scribuntur eo ordine quo quisque eorum maximo honore in municipio functus est, puta, qui duumviratum gesserunt, si hic honor præcellat, et inter duumvirales antiquissimus quisque prior, deinde hi, qui secundo post duumviratum honore in republica functi sunt; post eos, qui tertio et deinceps; mox hi qui nullo honore functi sunt, prout quisque eorum in ordinem venit.*

[4] Voici une inscription en l'honneur d'un autre Allius, où le cumul d'*honores* municipaux et d'*honores* publics est bien accusé :

Q. Allio. q. f. Vel. Rufo. IIvir. quinq. iterum. flamini. Augustali. tribuno milit. præfecto fabrum. præfecto cohortis.

Trouvée sur les ruines du théâtre de Faléries. Henzen, 7076.

Abellinum par des raisons identiques. Les tribuns militaires étaient compris parmi les *honorati*, aptes à l'*allectio* sénatoriale, à Rome[1]; s'il y eût eu des *tribuns militaires* dans les municipes, ils auraient eu la même aptitude pour l'*ordo*, et M. Allius n'aurait pas eu besoin de dispense des conditions, à raison de son admission dans l'*ordo* municipal. Toutes ces conséquences s'enchaînent et se prêtent un mutuel appui. Aurait-il pu être admis à titre simple d'*incolat*, c'est-à-dire *honoraire*, comme nous dirions aujourd'hui? Dans ce cas, l'inscription l'aurait constaté, au lieu de *gratuitus*, ainsi qu'on le voit en d'autres monuments (inscr. de Lyon, Wilmans, n°s 2216 et 2318; Herzog, n° 453).

M. Allius était donc un étranger de condition que le municipe d'Abellinum avait intérêt d'honorer, et le simple décurionat ne lui suffisait pas. Il fallait le promouvoir aux siéges supérieurs des duumviraux. Une *allectio* extraordinaire, exempte de conditions et de charges, *gratuita*, exprimait la reconnaissance publique envers lui. Il y a bien d'autres inscriptions d'Abellinum qui prouvent que ce municipe industrieux et avisé recherchait partout de puissants patrons (1879, 1880, 1881, etc. des *Inscr. neap.* de Mommsen).

Il reste l'inscription de *Corfinium*, recueillie déjà par Muratori (765,3), et rapportée également *de visu* par M. Mommsen, dans ses *Inscriptiones neapolitanæ*, n° 5370.

Corfinium, qu'on ne confondra pas avec Corfou, des îles Ioniennes, était une ville considérable du *Samnium*, principale cité des *Pæligni*, plus tard comprise dans la *Valeria*, et qui joua un rôle important dans la guerre sociale. C'est aujourd'hui la petite ville de S. Pelino, où l'on découvre chaque jour des fragments d'antiquité romaine. Les inscriptions qui en proviennent sont presque toutes des derniers temps de la république, ou des premiers temps du haut empire. Les Romains hantaient beaucoup ces parages de la Campanie et du Samnium, dont les hivers étaient plus doux que ceux de la haute et moyenne Italie. De là nous viennent les inscriptions nombreuses de Capoue, d'Abellinum et de Corfinium, qui prouvent que les plus grandes familles de la Rome des Césars ont résidé dans ces contrées, où l'accueil empressé des populations les attirait autant qu'un beau paysage et qu'un climat tempéré. *Corfinium* était d'ailleurs beaucoup plus rapproché de Rome qu'*Abellinum* et Capoue.

Voici l'exacte représentation de ce tronçon nouveau d'inscription,

[1] Voy. Hoffmann, *Der Senat röm.* et les textes qu'il cite, p. 15, 49, 56 et 61.

tel que nous le donne M. Mommsen. Il ne consiste qu'en deux lignes, tronquées par les deux bouts et prises évidemment au milieu d'un corps de phrase plus étendu, mais où l'on peut lire encore :

......NORE.AB.DECVRIONIBVS.POPVL....
......CVR.TRIB.MIL.A.POPVLO....

Le sens général de cette pierre brisée est indéfinissable. Mais il est probable que la première ligne indique des décurions de la cité des Corfiniens; dans quel rapport avec le destinataire du monument? c'est ce qu'il est impossible de dire. J'admets cependant que la deuxième ligne indique un personnage qui a cumulé la charge municipale de *curator* avec la charge militaire de tribun militaire *a populo*. Mais, d'après tout ce que nous avons déjà exposé, ce cumul n'avait rien que d'ordinaire dans la vie romaine. Voici une inscription que j'ai recueillie dans le musée lapidaire de Nîmes : J'en pourrais rapporter cent autres.

C.AEMILIO.C.F.
VOL.POSTVMO.
OMNIBVS.HONORIBVS.
IN.COLONIA.SVA.
FVNCTO.
TRIB.MIL.LEG.VI.VICTR.
D.D.

Si, au lieu de *tribuno militum legionis VI victricis*, qui ne permet pas de contester le cumul de fonctions d'État et de fonctions communales, sur cette inscription officiellement municipale, on lisait : *tribuno militum a populo*, y aurait-il plus de raison d'hésiter? Je ne puis le penser, démontré qu'il est que le tribunat militaire électif a pu être encore de mise, sous Auguste, et peut-être sous quelqu'un de ses successeurs.

Quoi qu'il en soit, du tronçon d'inscription dont il s'agit, on ne peut tirer aucune induction, si ce n'est que la pierre recouvrait la tombe d'un personnage inconnu, tribun militaire, et cumulant cet emploi avec celui de *curator*, dans un municipe également inconnu, voisin de la Sabine et de la campagne de Rome; voilà tout ce qu'on peut affirmer. M. Mommsen n'a pas autrement essayé d'expliquer ces deux lignes mystérieuses. Il constate seulement que les caractères et la gravure accusent une haute antiquité, et du meilleur temps. Pas plus que l'inscription précédente elle ne peut jeter aucun jour nouveau sur la question.

ARTICLE II.

LES INSCRIPTIONS DE POMPÉI.

J'arrive à la discussion des dix inscriptions de Pompéi, au sujet desquelles il y a lieu à des observations collectives, en même temps qu'à des commentaires particuliers.

Et d'abord, je l'avoue, le grand nombre d'inscriptions pompéiennes qui mentionnent le tribunat militaire *a populo*, présente un problème archéologique assez curieux. Comment expliquer l'affluence de tels monuments épigraphiques dans cet infortuné municipe, tandis qu'on en rencontre à peine un nombre égal dans tout le reste de l'Italie, prise dans son ensemble le plus étendu?

Faut-il donc supposer une origine municipale à une charge dont la mémoire se révèle presque à chaque coin de Pompéi? mais comment, d'autre part, se rendre compte de la faveur spéciale qu'aurait trouvée cet emploi à Pompéi, tandis que son nom se montre si rarement ailleurs; tandis qu'on n'en trouve aucune trace dans notre Gaule, où fleurirent les plus grands municipes de l'empire, dont il nous reste de si nombreux monuments épigraphiques, tels que ceux de Lyon et de Narbonne? sans parler de l'absence aussi complète de semblables inscriptions dans l'Orient romain, en Afrique, en Espagne, en Helvétie, où pourtant le régime municipal avait été si développé, dès les derniers temps de la république? le tribunat militaire de Pompéi était-il une grande charge?

Mais alors comment se fait-il qu'elle fût si multipliée et que tant de personnes à la fois en aient obtenu l'honneur, car toutes nos inscriptions se groupent chronologiquement dans un espace de temps très-circonscrit. Ce tribunat était-il, au contraire, une petite charge? Mais alors comment se fait-il que nous n'en retrouvions le souvenir qu'à l'occasion de personnages importants, évidemment placés au premier rang des habitants de la cité? Il y a plus, on n'a trouvé à Pompéi que deux inscriptions relatives à des tribuns légionnaires, qualifiés tels? et l'on y compte dix inscriptions de tribuns militaires électifs. On ne trouve trace ni des uns ni des autres dans les ruines d'Herculanum. Sur les 7,200 inscriptions de la basse Italie, je n'ai compté que trente-six inscriptions de tribuns légionnaires, pour toute la durée de l'empire avant Constantin; et Pompéi, dans une période moindre de 50 ans, nous fournit dix inscriptions de l'*a populo!* Le cantonnement des armées romaines dans les provinces frontières explique le premier fait; la désuétude de l'*a populo*, sous les empereurs, doit expliquer le second.

Pourrait-on expliquer ce phénomène par l'application de la loi *Julia, de civitate*, de l'an 664 de Rome, laquelle aurait fait de Pompéi une *civitas fundana*, c'est-à-dire de constitution identique avec celle de Rome : condition particulière de municipes, dont il est parlé dans le *pro Balbo* de Cicéron (§ 8) et dans les deux derniers articles de la *lex municipalis* de Jules César : condition qu'aurait adoptée Pompéi, pendant que la plupart des autres municipes voisins ne l'auraient point agréée, comme nous l'apprenons de Cicéron : *in quo magna contentio Heracleensium et Neapolitanorum fuit, cum magna pars, in iis civitatibus, fœderis sui libertatem civitati anteferret.* Mais bien d'autres villes que Pompéi ont reçu le titre de *civitas fundana*, et l'on n'y a découvert aucun monument de nos tribuns, puisque l'épigraphie de Rome elle-même, proprement dite, c'est-à-dire celle de la ville capitale, n'a gardé aucun vestige dans ses murs de leur existence, pourtant incontestable. D'un autre côté, toutes les inscriptions de Pompéi sont postérieures de près d'un siècle à la loi *Julia, de civitate;* par conséquent, elles sont d'une époque où l'on n'a plus eu à tenir compte des *civitates fundanæ*, dans l'ordonnance générale des municipes; et où ces derniers, s'ils avaient eu à calquer leur constitution particulière sur celle de Rome, n'y auraient plus guère trouvé de *tribunus militum a populo.* D'ailleurs la constitution militaire des municipes avait toujours été matière réservée par le gouvernement central de l'*orbis romanus.*

C'est donc autre part que nous avons dû chercher la solution de ces difficultés archéologiques, et j'ose croire que nous y avons réussi. La réflexion et l'étude des monuments pompéiens ont facilement dissipé les doutes à nos yeux.

En premier lieu, nous avons pu réduire à cinq le nombre utile des inscriptions tribunitiennes de Pompéi, attendu que les dix qui subsistent se concentrent sur cinq personnes. Deux fois un seul et même individu est l'objet de trois d'entre elles. Deux autres se rapportent à une personne seulement, les autres sont individuelles. La remarque est importante, et je prie qu'on veuille bien en garder souvenance.

L'objection du nombre étant ainsi réduite de moitié, j'ai fait appel à l'histoire pour éclairer l'épigraphie. Ces deux sciences se doivent un mutuel appui. Or que nous apprend l'histoire? Je l'ai constaté dans mon premier chapitre, et j'en reprends ici l'argument avec une nouvelle insistance. L'histoire nous apprend qu'Auguste accomplit une grande révolution dans l'organisation militaire des Romains. Cette révolution consista dans l'établissement régulier des armées permanentes, substitué au système des armées congédiables après la paix, qui était le système constitutionnel de la république romaine.

Avec ce système, et malgré sa prudente exécution, tombait inévitablement l'ancienne pratique des élections annuelles des tribuns militaires; et, si du premier coup la vieille institution n'était pas mortellement atteinte, elle devait au moins graduellement disparaître, et faire place à la nomination impériale. Qu'on se souvienne du témoignage de Tite-Live, rapportant l'introduction de l'élection dans le tribunat militaire, en l'année 394 de Rome : *placuit, tribunos militum ad legiones suffragio fieri, nam et antea*, SICUT NUNC... *imperatores ipsi faciebant.* Par conséquent, il y eut sous Auguste, à mesure que les divers corps de l'armée furent réorganisés, et que le système nouveau fut mis en pratique, il dut y avoir, dis-je, un certain nombre d'officiers supérieurs, et de nos anciens *comitiati*, mis, comme nous dirions, en disponibilité ou renvoyés dans leurs foyers. Cette réorganisation des légions ne dut pas être soudaine et brusque. Elle fut lente et progressive : le caractère d'Auguste en est garant. N'y eût-il que les officiers qui avaient été opposés ou froids à sa cause ou bien ceux qui prirent un repos volontaire, en profitant de l'ancien droit, le nombre en dut être assez grand. Pour nous, qui, dans notre pays, agité par tant de révolutions, avons assisté à tant de réorganisations militaires, la chose s'explique très-naturellement. D'ailleurs Auguste dut tenir à ce que tous ses officiers supérieurs fussent ses créatures, et le tribun militaire *a populo* dut être, à certain jour, en petit crédit. Nous en avons rapporté la preuve dans un précédent chapitre, à propos de l'inscription d'un *tribunus militum divi Augusti.* On nous communique une autre inscription inédite et tronquée, recueillie à Saint-Alban, près Chambéry, où l'on déchiffre encore : SEX.DECII.TRIB. MILITV. | AB.CAESARE. | IIII.VIR.FLAMI. Elle confirme ma conjecture sur l'opposition de ces deux classes de tribuns militaires [1].

Mais il se présenta plus d'une occasion où des périls inattendus durent faire fléchir sa politique; par exemple lors de l'armement extraordinaire de l'an 761 [2], et à l'époque plus critique encore du désastre de Varus [3]. Nous voyons que toutes les ressources militaires de l'empire furent mises en réquisition, dans ces conjonctures, et en présence de dangers redoutables. Le tribunat militaire électif put être alors l'objet d'un retour de

[1] Lettre du savant doyen de la faculté des lettres de Grenoble, M. Macé, en date du 23 juillet 1875.

[2] Voy. Ferguson, *Hist. rom.* trad. fr. t. VII, p. 64 et 75.

[3] Voy. Ferguson, *loc. cit.* p. 77.

faveur, ou d'une évocation extraordinaire. Ainsi je ne suis pas éloigné de croire, avec quelques érudits, que les *comitia tribunitia* dont parle Suétone, en sa biographie d'Auguste, § 40, avaient pour objet des tribuns militaires, plutôt que le *tribunatus plebis*, dont Auguste avait déjà reçu l'investiture perpétuelle. Je sais bien que le témoignage de Dion y paraît contraire, mais il était, par exemple, de la politique d'Auguste de faire nommer Tibère tribun militaire par les comices, à l'exemple de ce qu'avait fait César pour lui-même (Suét. *Tib.* IX). Quoi qu'il en soit, il est évident que, en dehors des crises accidentelles sus-énoncées, le tribunat militaire électif dut disparaître insensiblement sous Auguste; le témoignage de Tite-Live le démontre, et celui de Frontin atteste que, du temps de Domitien, c'en était fait du *tribunus militum a populo factus*.

Par tous ces motifs, il ne paraîtra pas trop surprenant que cinq officiers de ce grade se soient rencontrés, en une courte période de temps, dans une ville de plaisance, où les étrangers affluaient, et où les appelaient tant de moyens de séduction accumulés, dont les monuments incroyables sont aujourd'hui livrés à la curiosité des érudits par la publication du volume que M. Zangemeister a récemment fourni au *Corpus inscriptionum latinarum* de Berlin. On conçoit donc que le tribunat militaire électif ait passé au rang de simple titre honorifique, comme l'avait si justement entrevu Orelli[1] (*honorarium tantummodo opinor*), surtout après que *comitia e campo in senatum translata fuerunt*. C'est ce qui est arrivé, probablement, pour ces quelques habitants de Pompéi, dont nous avons l'indication par les inscriptions qu'il s'agit de discuter maintenant. Toutes ces inscriptions sont contemporaines d'Auguste, et chacun des personnages dont il est question occupait dans Pompéi une situation élevée. Tous jouissaient d'une grande fortune dans le pays, et leur générosité, comme leurs services, avaient provoqué la reconnaissance municipale, constatée par la consécration de statues, sur la base desquelles la plupart de nos inscriptions ont été relevées; et, comme la première catastrophe de Pompéi est de l'an 63, nous avons la date certaine du haut empire pour limite chronologique de l'âge de nos monuments.

Mais, en outre, une circonstance remarquable nous a frappé. Le tremblement de terre trop célèbre de l'an 63, qui a détruit Pompéi, avant que l'éruption de l'an 79 l'eût enseveli sous les cendres du Vésuve, a surpris la malheureuse cité, paraît-il, au milieu, ou au lende-

[1] Orelli, sur 3439.

main d'une agitation électorale universelle, car la vie politique, on le sait aujourd'hui, exilée de la capitale de l'empire, avait conservé son activité dans les municipes. Le volume des inscriptions *pariétaires* de M. Zangemeister nous a livré le tableau parlant de cette agitation électorale. Les traces même d'élections plus anciennes existaient encore à ce moment[1]. Tous les candidats aux charges électives du municipe étaient sur pied, au moment où la ville a été renversée ou ensevelie. Les murs étaient couverts de leurs affiches, comme nous en voyons chez nous, en pareille circonstance. Leurs patrons ou leurs adversaires étaient engagés dans la lutte, et, animés par la passion, ils signalaient les candidats aux électeurs. La patience et la curiosité des érudits a recueilli ces monuments de l'animation électorale, surprise par une si terrible aventure. Eh bien, dans ce volume *in-folio* d'inscriptions pariétaires, relevées avec tant d'intelligence et avec un zèle si parfait, où nous recueillons l'indication de toutes les charges communales, où tous les emplois éligibles ont leurs poursuivants, leurs candidats et leur étiquette, on ne trouve pas un mot qui soit relatif au tribunat militaire *a populo*, dont la fonction était encore pourtant connue, ainsi que l'attestent les inscriptions suivantes. Comment se refuser à cette conclusion, que ce tribunat militaire électif, sur lequel l'agitation locale est complétement muette, n'était pas une charge indigène de Pompéi? et que, si la présence de ces tribuns s'est rencontrée jadis dans cette ville, l'origine de leur charge venait du dehors? je dis l'origine de leur charge, car ces tribuns ont pu être natifs de Pompéi même, sans que leur grade militaire fût d'essence municipale.

Après ces considérations générales, abordons chacun de ces monuments épigraphiques. Je commence par celui d'entre eux qui a obtenu le plus de célébrité parmi les érudits. C'est l'inscription importante de Clodia. Le marbre qui nous l'a transmise est aujourd'hui perdu. Mais son authenticité n'est pas mise en doute, grâce aux témoins nombreux de son existence passée. Cette grande inscription sépulcrale recouvrait un monument construit par une dame romaine, du nom de *Clodia, Auli filia, sacerdos publica Cereris*, à Pompéi, et destiné pour elle et sa famille. Le tombeau avait reçu les cendres de la fondatrice, et entre autres personnes de ses proches, les cendres de son frère A. Clodius. Je n'examinerai point si ces *Clodii* étaient de la *gens Claudia*, dont le nom s'écrivait indifféremment *Claudia* ou *Clodia*[2], comme on sait, témoin celui dont Cicéron a fait la triste célébrité. L'inscription particulièrement

[1] Voy. n° 1918 de Zang. — [2] Voy. Morelli, *Fam. cons.* tom. I, p. 88.

consacrée à ce frère de Clodia est la seule qui nous intéresse; et encore, de cette longue inscription, rappelant les munificences publiques du personnage, quatre lignes seulement ont trait à la question qui s'agite. Ce sont les seules que nous reproduirons ici :

A.CLODIVS.A.F.
MEN.FLACCVS.IIVIR.I.D.
TER.QVINQ.TRIB.MIL.
A.POPVLO.

Ce personnage a été, paraît-il, immensément riche. Il a donné aux habitants de Pompéi des fêtes et spectacles d'une prodigieuse curiosité : M. Mommsen et M. Wilmans, sur des présomptions que je ne veux ni contrôler ni discuter ici, mais qui sont universellement admises, en fixent la date à l'an 751 de Rome, quinze ou seize ans avant la mort d'Auguste. Ce personnage a fait grande figure à Pompéi, on n'en sera pas surpris; il y a été trois fois *duumvir*, et une fois *quinquennalis*. Aussi plusieurs autres inscriptions ont consacré sa mémoire, et celle qui porte le n° 2296, dans les *Inscriptiones neap.* de M. Mommsen, le qualifie de *tribunus militum*, purement et simplement. Il aurait donc été dans l'armée romaine successivement tribun militaire, au choix de l'*imperator*, de ceux que l'on appelait *Rufuli*, et tribun militaire, élu par le peuple, de ceux qu'on appelait *comitiati*, ou *a populo*.

Les inscriptions des Clodius à Pompéi s'expliquent donc à l'avantage de l'opinion que je soutiens. Il s'agit toujours d'un cumul de fonctions.

Il en sera de même, j'en suis sûr, des trois inscriptions de M. Holconius. Le destinataire est encore un grand personnage, membre d'une famille puissante à Pompéi; il était patron de la colonie, ce qui est la preuve d'une haute position sociale. Il vivait sous Auguste [1], c'est un fait prouvé par d'autres monuments, et qui est attesté, constaté par M. Mommsen et par M. Wilmans. A l'époque du désastre de l'an 63, les *Holconii* étaient encore en possession de l'influence et de la considération publique, et les inscriptions pariétaires de M. Zangemeister fournissent la preuve de leur crédit. A la différence des *Clodii*, les *Holconii* semblent avoir été d'origine locale, ou du moins de race fixée dans la colonie depuis longtemps [2].

[1] Voy. Mommsen, *I. N.* p. 461; *Corp. insc. berol.* I, n° 1252; Wilmans, n° 1909^{c}.

[2] Wilmans, 1909^{a} et 1909^{b}; Mommsen, *Insc. n.* n° 2229, 2230.

La première de ces inscriptions a été trouvée sous les ruines du grand théâtre de Pompéi, dont la réparation était due à ses soins, selon le témoignage d'autres inscriptions, que je m'abstiens de rapporter ici. La nôtre a été vue par M. Mommsen, et se conserve aujourd'hui au musée de Naples [1].

M.HOLCONIO.RVFO.D.V.I.D.IIII.QVINQ.
TRIB.MIL.A.POPVLO.AVGVSTI.SACERDOTI.
EX.D.D [2].

M. Wilmans, en son recueil, et M. Mommsen, dans un autre ouvrage (*R. Staatsrecht*, 2, p. 543), assignent les années 751 ou 752 de Rome, à cette inscription. Cette date n'est contestée par personne. On se souvient qu'Auguste est mort en 766.

La seconde inscription, en l'honneur du même Holconius, est d'une année qui a suivi la précédente, ainsi que le prouve le texte même. Elle a été trouvée, à Pompéi, sur la base d'une statue posée au milieu des siéges du grand théâtre, et Marini (*Arv.* 2, p. 548) en avait eu connaissance. M. Mommsen (*Inscr. neap.* 2232) nous apprend qu'elle était formée de caractères de cuivre incrustés dans la pierre. C'est d'après sa recension oculaire que nous la reproduisons, la leçon d'Orelli offrant quelques inexactitudes :

M·HOLCONIO·M·F·RVFO.
II·V·I·D·QVINQVIENS.
ITER·QVINQ·TRIB·MIL·A·P.
FLAMINI·AVG·PATR·
COL·D·D·

Toutes ces inscriptions des *Holconii* sont classées par les épigraphistes parmi les inscriptions augustéennes. C'est à ce titre que M. Ritschl en a gravé une dans son grand volume de *fac-simile*, et que M. Mommsen

[1] On remarquera que les *Holconii* ne sont inscrits dans aucune tribu. *Inscr. neap.* 2231; Wilmans, 1909[c].

[2] Note de M. Zangemeister sur le n° 1886 de ses *Inscriptiones parietariæ*, p. 120.

« M. Holconius Rufus cum A. Clodio « Flacco II vir j. d. quartum, quinquen-« nalis fuit, a. u. c. 752 (v. *I. N.* 2231, « 2161), idemque (dicitur autem M. « Holconius M. F. Rufus) mox II vir « j. d. quintum, iterum quinquennalis, « sacerdos (sive flamen) Cæsaris Augusti « (nondum mortui), v. Acta 30 jun. 1853 « — *Bull. nap.* 1854, p. 12, et *I. N.* « 2232, 2234. cf. nostra 1918. »

Au n° 1918, M. Zangemeister donne le fragment d'une affiche où notre M. Holconius M. F. Rufus recommandait un de ses protégés pour une charge municipale.

l'a insérée dans le premier volume de la collection de Berlin. Mais une autre inscription tronquée, relevée dans le volume des *Inscriptions napolitaines*, 2233, qualifie notre Holconius de *tribunus militum.* Il aurait donc été successivement, comme Clodius, tribun militaire *comitiatus* et tribun militaire *Rufulus.* La pierre pourrait, il est vrai, avoir été brisée sur l'*a populo*, et nous n'en ferons pas argument; mais c'est encore un exemple du cumul d'emplois municipaux et d'emploi d'État romain qui se présente ici. M. Mommsen s'est prononcé sur le cumul attesté par notre inscription, et nous n'ajouterons rien à cette autorité. Nous ferons remarquer seulement que Marini avait déjà, il y a cent ans, pressenti ce cumul et, en conséquence, interprété l'inscription.

Enfin voici une troisième inscription en l'honneur du même Holconius, trouvée également et récemment à Pompéi, sur la base d'une statue. M. Henzen l'a recueillie et lui a donné place dans son volume supplémentaire de la collection d'Orelli, n° 7079 *a*, d'après lequel M. Wilmans l'a pareillement reproduite, n° 1910 :

M·HOLCONIO·M·F·RVFO.
TRIB·MIL·A·POPVL·II·VIR·I·D·V·QVINQ·ITER.
AVGVSTI CAESARIS·SACERD.
PATRONO·COLONIAE.

Je n'ajoute qu'une observation à toutes celles qui précèdent, c'est que M. Henzen (*Ind.* p. 148), tout comme M. Wilmans (*Ind.* p. 602), ont, sans hésiter, classé ce *tribunus militum a populo* parmi les *munera militaria* et non parmi les *munera municipalia.*

Après les trois inscriptions de M. Holconius viennent deux inscriptions en l'honneur d'un M. Tullius, qualifié aussi *tribunus militum a populo.* Si les *Holconii* semblent avoir appartenu à une race indigène[1], les *Tullii* sont évidemment d'origine romaine. Le prénom de Marcus, qui était héréditaire dans la famille du grand orateur[2] et que porte notre personnage, autorise à le rattacher à cette vieille et bonne souche, qui, du municipe modeste d'Arpinum, s'était élevée à une si grande fortune. Divisée en plusieurs branches, une d'elles avait été fort mêlée aux affaires de finance, et, après la proscription de Cicéron, elle s'était heureusement tirée des embarras d'une situation compromise. Postérieurement à l'époque d'Auguste, qui est jugée celle de nos deux inscriptions, il ne reste plus que des traces incertaines du séjour des *Tullii* à Pompéi. Il est clair qu'ils n'ont été que de passage dans cette ville, où ils ont rempli

[1] Voy. les *Indices* de M. Zangemeister. — [2] Orelli, *Inscr.* n° 572.

cependant des charges publiques. Au moment de la catastrophe, il n'y a plus de vestige assuré de leur existence, qui paraît avoir été brillante, cinquante ans auparavant.

Les *Tullii* possédaient une surface de terrain assez considérable, dont le destinataire de nos inscriptions détacha une partie pour y faire construire, à ses frais, un temple à la Fortune, se réservant une autre partie du terrain, à titre de propriété privée, disposition constatée par une inscription particulière (*Inscr. neap.* 2221) :

M·TVLLI·M·F·AREA PRIVATA.

Des deux inscriptions tribunitiennes du personnage, l'une se voit encore, à Pompéi, au milieu des débris de ce temple de la Fortune, d'où elle a été tirée en 1824. M. Mommsen l'y a vue et l'y a recueillie. Elle est ainsi conçue (*Inscr. neap.* 2219) :

M·TVLLIVS·M·F·D·V·I·D·TER·QVINQ·AVGVR·TR·MIL.
A·POP·AEDEM·FORTVNAE·AVGVST[1]·A SOLO ET·PEQ·SVA.

Voilà toujours le même cas du cumul de fonctions locales et de fonctions publiques de l'empire[2].

L'autre inscription a été artificiellement reconstruite par l'assemblage de débris épars dans le musée de Naples, où M. Mommsen les a trouvés et les a réunis par des soudures conjecturales. *Descripsi*, dit-il, *et conjunxi ex conjectura.* Je n'ai aucun intérêt à contester cette intelligente conjonction, quoiqu'il ne soit pas impossible qu'un événement imprévu en disjoigne un jour les éléments; car les deux ou trois tronçons dont

[1] C'est le pendant du *Mercurius Augustus*, qui nous est connu.

[2] Pour offrir un dernier exemple de la fréquence de ces cas de cumul, dans la société romaine, telle que le siècle de César et d'Auguste l'avait faite, je citerai ici le monument qui suit, trouvé à Pompéi même, où M. Mommsen l'a relevé sur place (n° 2211 des *Inscript. neap.*).

FAB·PROCVLVS·GELLIANVS
PRAIF·FABR·II | PRAIF·CVRATORVM·ALVEI.
TIBERIS·PRAIF·PRO·PR·I·D·IN·VRBE·LAVINIO. |
PATER·PATRATVS·POPVLI·LAVRENTIS·FOEDERIS.
EX·LIBRIS·SIBVLLINIS·PERCVTIENDI·CVM·P·R.
SACRORVM·PRINCIPIORVM·P·R·QVIRIT·NOMINIS.
QVE·LATINI·QVAE·APVD·LAVRENTIS·COLVNTVR. |
FLAMEN·DIALIS | FLAMEN·MARTIAL. | SALIVS·PRAISVL.
AVGVR·PONT. | PRAIF·COHORT·GAITVL. | TR·MIL·LEG·X· |
LOC·D·D·D. *Pompeianorum.*

l'inscription est formée n'ont aucun lien qui en garantisse la cohésion. Les fragments ont même été recueillis en des lieux différents, et une découverte postérieure peut en détruire la réunion, laquelle ne repose que sur une relation probable et hypothétique. Quoi qu'il en soit, la voici *reficta*, telle que M. Mommsen la donne sans garantie (*ib.* 2220) :

m. tulli|V? S·M·F?|D?·V·I·D·$\overline{III}$
qui|NQ· AVG·|TRIB·MIL.
|A? POPVLO|

Quant à l'explication, nous ne pourrions que répéter ce que nous avons dit ailleurs sur les cumuls d'*honores* municipaux avec des charges publiques ou des titres de fonctions d'État.

Et nous passons à trois inscriptions à peu près identiques dans l'expression et consacrées à la mémoire d'un autre personnage important, revêtu de fonctions municipales, en même temps qu'il portait le titre de *tribunus militum a populo*. Ces inscriptions ont été recueillies par MM. Mommsen[1], Henzen et Wilmans[2], qui ont classé l'individu parmi les officiers militaires, en même temps que parmi les officiers municipaux, en raison de ses offices divers. Elles ont été trouvées à Pompéi, en des places distinguées, sur des bases de statue et dans le forum. La personne qui en est l'objet appartenait probablement à la famille romaine des *Lucretii*[3] et paraît avoir joué à Pompéi un rôle considérable; car un assez grand nombre de monuments épigraphiques lui ont été élevés[4]. Ce nom de Lucretius était fort répandu dans la contrée. On le rencontre encore dans les inscriptions pariétaires du jour de la catastrophe. Voici ces trois inscriptions, qui sont de la même année :

M·LVCRETIO·DECIDIAN.
RVFO·$\overline{II}$·VIR·$\overline{III}$·QVINQ.
PONTIF·|TRIB·MIL·A POP.
PRAEF·FAB·|EX·D·D.
POST·MORTEM·

M·LVCRETIO·DECIDIAN.
RVFO·D·V·$\overline{III}$·QVINQ.
PONTIF·|TRIB·MILITVM
A POPVLO·PRAEF·FABR.|
M PILONIVS·RVFVS·

M·LVCRETIVS·DECID.
RVFVS·$\overline{II}$·VIR·$\overline{III}$·QVINQ.
PONTIF·TRIB·MIL.
A POPVLO.PRAEF.FABR.|
M·DECIDIVS·PILONIVS.
RVFVS·REPOSVIT.

Rien de particulier ou de nouveau ne se présente à l'esprit en lisant ces trois inscriptions. Leur interprétation ne saurait donc plus nous arrêter.

[1] Mommsen, *I. N.* 2192, 2193, 2299.
[2] Henzen, 7045; Wilmans, 1920, 1921 et 1921[a].
[3] Voy. Morelli, *loc. cit.* p. 252.
[4] Voy. Momms. *I. N.* 2192, 2193, 2210, 2248, 2299, 2300, 2301.

Il ne reste des inscriptions de Pompéi qu'une seule à réunir aux précédentes, avec les mêmes observations préliminaires et les mêmes conclusions finales. Elle était gravée sur un tombeau, qui est un monument remarquable de l'art[1], actuellement déposé au musée de Naples, où on l'a fait copier pour en restituer au moins la figure au Pompéi d'aujourd'hui. Le personnage auquel il était dédié devait avoir été un bienfaiteur de Pompéi, puisque les décurions du municipe en avaient décrété la construction.

A·VEIO·M·F·II VIR·I·D.
ITER·QVINQ· | TRIB.
MILIT·AB·POPVLO·EX D·D.

Je ferai remarquer encore que toutes ces inscriptions de Pompéi sont reconnues être contemporaines l'une de l'autre. Ce n'est pas moi qui l'affirme, c'est M. Mommsen. Il y en a deux sur cinq qui sont de la même année, l'une de *Clodius* et l'autre d'*Holconius*. Il y aurait donc eu, dans le système adverse, cinq ou six tribuns militaires municipaux, à la fois, à Pompéi; car, pour le tribunat militaire électif, nous ne trouvons jamais l'*iterum*, le *ter* ou le *quater*. C'est évidemment un *honor* viager sur les inscriptions de Pompéi, ce qui est conséquent avec les données de l'histoire. Mais à un tel état-major local, il aurait fallu des soldats à l'avenant. Quelle force militaire il faudrait donc supposer à la disposition de cette municipalité? L'équivalent d'une légion romaine au moins, et cela à la porte de Rome, sous un gouvernement cauteleux, méfiant et jaloux, au lendemain des guerres civiles! Et pourquoi cette force réunie, ou ce cadre ridicule d'officiers supérieurs? On en comprendrait l'opportunité dans les municipes du Rhin, du Danube ou de la Numidie. Mais c'est là précisément qu'il n'y en a pas. On voudrait trouver cette force réunie dans la ville des voluptés, qui n'était pas même troublée, paraît-il, par un *præfectus vigilum*. Vraiment, qu'on me le pardonne, la supposition n'est pas sérieuse.

Ainsi s'évanouit, à mes yeux, ce fantôme redoutable de vingt et une inscriptions qu'on a pu croire favorables au système de l'attribution municipale des *tribuni militum a populo*, mais qui, examinées une à une, s'expliquent si facilement, si naturellement, qu'elles confirment, au lieu de l'affaiblir, la théorie historique attestée par les monuments littéraires.

[1] Mommsen, *I. N.* 2316.

CHAPITRE V.

LE RÉGIME MUNICIPAL DES ROMAINS.

ARTICLE PREMIER.

APERÇU HISTORIQUE.

L'histoire générale de la composition des armées romaines, sous la république et sous l'empire, et l'examen approfondi des monuments épigraphiques relatifs au tribunat militaire électif, m'ont fourni, ce me semble, la confirmation suffisante de mon opinion sur le caractère et les vicissitudes de cette magistrature. Envisageant aujourd'hui sous un autre point de vue la question controversée, serait-il vrai que la loi coloniale d'Osuna ne fût, dans son article CIII, qu'une interprétation, une application, une parcelle peut-être de la *Lex Julia municipalis* de Jules César, et que, prise en ce sens, elle fût attributive d'un pouvoir nouveau relatif au service militaire dans les cités? Rome, en se chargeant de défendre l'empire contre les barbares, avait-elle laissé, comme on l'a cru, à chaque cité, le soin de maintenir la sûreté, l'intégrité de son territoire; et de ce partage de puissance aurait-il pu résulter, à l'avantage des cités, le droit d'entretenir un corps armé pour les garantir contre tout désordre, et, par conséquent, l'institution d'une charge spéciale qui aurait reçu le nom de tribunat militaire *a populo*[1]?

L'affirmative de ces questions, dans la portée absolue qui lui a été donnée, serait la plus étonnante des nouveautés, et, bien qu'il faille s'attendre à tout, en fait de révélations d'antiquité romaine, les monuments positifs de l'histoire sont, jusqu'à présent, opposés à l'admission de l'hypothèse qui nous est présentée comme le résultat de la récente découverte. Oui, le régime municipal des Romains mérite une étude nouvelle et approfondie. L'érudition contemporaine n'y a point failli[2], et les progrès sont immenses depuis Roth jusqu'à nos jours, bien que la science

[1] Voyez l'*Officiel* du 2 février 1875, col. 887.

[2] Voyez les abondantes indications bibliographiques que fournit le *Droit public romain*, de M. Willems, 2e édition, 1872, in-8°, p. 121-129 et 350 à 384.

se soit plus d'une fois égarée à la poursuite de conceptions chimériques, comme l'a si bien montré Madvig, il y a trente ans [1]. Sigonius et Paul Manuce ont jeté les fondements de la science il y a trois cents ans; honneur à leur mémoire et à leur sagacité ! Aujourd'hui même, il y a beaucoup à prendre dans leurs ouvrages, qui ont servi de guide à toute l'érudition du XVIIe siècle, et qu'a popularisés le grand manuel d'antiquités romaines de Roszfeld [2], lequel a défrayé nos devanciers pendant si longtemps. Mais l'horizon s'est agrandi, éclairci, pour leurs successeurs. Au début du XVIIIe siècle, Éverard Otton, éclairé par les travaux critiques de l'école hollandaise sur les classiques latins, des Gruter, des Grævius, des Gronov, et par les vues nouvelles de Spanheim qui obtinrent alors tant de crédit [3]; aidé aussi des monuments épigraphiques dont Gruter et Fabretti avaient répandu la connaissance : Éverard Otton, dis-je, reprenait magistralement la question historique des colonies et des municipes [4], résumait avec lucidité la science acquise de son temps, et ouvrait des voies sur lesquelles l'érudition a vécu près de cent ans. En 1798, Bouchaud traduisait Otton presque mot à mot, dans un mémoire inséré dans les premières collections de l'Institut [5]. Par contre, une excellente dissertation de Jean Wasteau, de Leyden, *de jure et jurisdictione municipiorum*, composée en 1727, passait inconnue dans le XVIIIe siècle, bien que recueillie en 1769 dans le Trésor d'Oelrichs.

Mais, en matière d'antiquités, l'intelligence ne peut suppléer aux monuments; Ev. Otton n'a connu ni la table d'Héraclée, trouvée en 1732 seulement, ni la loi de la Gaule cisalpine découverte en 1760. En conséquence, il a passé les yeux fermés à côté du vrai, sur bien des points; il a méconnu la signification de la rubrique *Ad municipalem* du Digeste, il ne s'est pas douté de la portée de l'inscription de Sabinus à Padoue; et n'a point soupçonné la *Lex Julia municipalis* de J. César, tout en

[1] *De jure et conditione coloniarum*, etc. dans les *Opusc. acad.* de l'auteur, t. I, p. 208 et suiv. *Hauniæ*, 1834, in-8°. Une première édition avait paru en 1832.

[2] En latin *Rosinus* : *Antiquit. Romanarum corpus absolutissimum.* La 1re édition est de Bâle, 1583, petit in-f°. Très-souvent réimprimé avec additions et notes de Dempster. Les deux éditions d'Utrecht, 1701, et Amsterdam, 1743, in-4°, sont celles qu'on préfère, la dernière surtout, soignée par J. Gr. Reitz. C'est encore un livre utile.

[3] Ez. Spanheim, *De præstantia et usu numism. antiq.* dont la 1re édition est de 1664 et la 3e de 1705, 2 vol. in-f°; et dans ses *Exercit. de Orbe Romano*, Londres, 1697, in-4°.

[4] Dans son livre de *Ædilib. colon. et municipiorum*, 1713 et 1732, in-8°, confirmé par la préface du tome II de son *Thesaurus jur. rom.*, où sont insérées les recherches, aujourd'hui fort arriérées, de G. Fournier.

[5] *Sciences et arts*, t. III, p. 114-221.

ayant sous les yeux la lettre de Cicéron à Lepta, dont il n'a pas compris le sens. Le savant et judicieux Bimard n'a pas été plus heureux. Privé des mêmes lumières, Goez, qui avait eu sous la main des sources si précieuses[1], n'en avait pas saisi toute l'importance; et plus tard (1766), Beaufort, critique ingénieux, mais érudit médiocre, est resté dans la même obscurité. La première intuition de la vérité sur ces points capitaux appartient à Mazocchi, comme nous le dirons en son lieu; mais ses révélations (1755) eurent si peu de retentissement, que M. de Savigny, trois quarts de siècle après lui, a pu les reprendre pour son compte, de la meilleure foi du monde, et son honnêteté s'en est excusée dans un appendice à sa célèbre dissertation sur la table d'Héraclée, qui a été l'une des grandes étapes de la science.

L'histoire du régime municipal des Romains était donc encore très-imparfaitement connue et appréciée, lorsque parut, en 1801, l'ouvrage de Roth, *De re municipali Romanorum*. Nourri de Montesquieu, élève de Heeren et de Heyne, Roth a l'élévation et la clarté de ses modèles; mais c'est plutôt le point de vue politique que le détail archéologique dont il se préoccupe. Son assimilation de l'Italie municipale, sous la suzeraineté romaine, à la constitution du corps germanique, parut aux érudits plus ingénieuse que juste. Mais il n'a point eu, le croirait-on, le livre de Mazocchi à sa disposition. Il ne soupçonne pas l'identité de la table d'Héraclée avec la loi municipale de J. César. C'est lettre close pour lui. Il vit encore sur le fonds commun d'Éverard Otton, à bien des égards. Cependant l'ouvrage de Roth eut un grand et légitime succès. Il a servi de guide à M. Guizot, en 1824, dans ses *Essais* sur l'histoire de France.

Une révolution commence avec Niebuhr et son histoire romaine; la condition ancienne des colonies et des municipes apparaît sous un jour nouveau. L'historien traverse le vrai trop souvent, mais un air général de rénovation se produit dans la science, et M. de Savigny complète le mouvement en dévoilant, avec une irrécusable autorité, la loi municipale de César cachée sous le bronze d'Héraclée. Madvig, critique inexorable, discute le crédit de Niebuhr et le réduit à ses justes proportions, en ouvrant lui-même une carrière plus sûre, par la froide application de textes plus étudiés et mieux compris. C'est alors que l'épigraphie apporte le contingent de ses richesses, accrues par d'inattendues découvertes, au premier rang desquelles il faut placer les tables de Malaga. La plume de M. Mommsen exploite ces ressources accumulées, dans diverses

[1] Les *Rei agrariæ auctores*, 1674, in-4°. Voy. ses *Antiq. agrariæ*.

publications qui ont fait à son nom une célébrité méritée, bien qu'on puisse regretter que son immense érudition ait cédé quelquefois à des entraînements que n'avoue pas toujours une rigoureuse critique[1]. Grâce à tous ces travaux, grâce à ces mémorables découvertes, y compris celle des bronzes d'Osuna, dont nous recevrons probablement un jour le complément, comme de ceux de Malaga, on peut dès à présent tracer du droit municipal romain une histoire satisfaisante, appuyée des sources les plus authentiques[2]. Nous ne voulons ni ne pouvons écrire cette histoire, qui demanderait un volume, mais nous réunirons ici, pour défendre notre thèse, les éléments du système municipal, dont l'esquisse aura dès ce moment son opportunité[3]. Rome a été le municipe dominant de l'Italie antique, et ses institutions sont restées empreintes, jusque sous l'empire, du caractère municipal. On ne peut avoir une idée vraie du gouvernement romain qu'avec la connaissance de ce régime municipal, qui a été le régime de la république et du haut empire. Dans toute l'histoire romaine, c'est toujours des passions et des intérêts d'une seule ville qu'il s'agit; tous les ressorts de l'action publique y sont mis en mouvement par une impulsion partie de Rome même; ses lois civiles sont celles d'un municipe, et ses familles sont imprégnées des mœurs de la commune. Rome en tira de grands avantages; elle en subit aussi de fatales conséquences. Mais, sans anticiper sur ces questions, séparons d'abord l'institution des colonies de celle des municipes, avec lesquels elles furent plus tard confondues, sans l'être jamais d'une manière absolue, ainsi qu'on l'a cru et selon que nous le montrerons.

ARTICLE II.

LES COLONIES ROMAINES.

La colonie romaine se distingue profondément de la colonie hel-

[1] M. le président Alexandre a rendu grand service en popularisant, par une traduction française, l'histoire romaine de M. Mommsen, et en y ajoutant des extraits importants de ses autres ouvrages, en tête desquels nous mettons le *Corpus inscriptionum latinarum* de Berlin, et son mémoire à l'académie de Leipsig, sur les tables de Salpensa et de Malaga.

[2] Le régime municipal a été l'objet d'un certain nombre de thèses de doctorat, devant nos facultés de droit. Celles qui nous ont paru sortir de ligne sont celles de MM. Dubois (1862), de Raincourt (1866), Quinion (1859), Durand (1867).

[3] M. le professeur Camillo Re a tracé cette esquisse avec talent, à Rome, en 1874, en tête de ses *Tavole di Ossuna*, in-8° de 60 pages.

lénique. Celle-ci apparaît comme un effluve naturel de la population : le commerce, l'aventure quelquefois, la liberté toujours, sont le mobile ou le cortége du colon; c'est une *secessio* de la métropole, dont la colonie se détache et s'émancipe, pour chercher fortune ailleurs. Tout autre chose est la colonie romaine : c'est un établissement politique, un *instrumentum regni* de la métropole, qui, par elle, met en pratique cette maxime du droit de la guerre de l'antiquité, d'après laquelle la liberté des personnes et la propriété des biens suivaient le sort de la victoire, maxime qui fut rarement, du reste, exécutée avec rigueur par les Romains : ils se contentaient ordinairement du tiers des terres des vaincus, d'après Denys d'Halicarnasse. La colonie, chez eux, est un corps d'observation, un poste fortifié, jeté au milieu d'une population soumise, et demeurant sous l'étroite discipline de la métropole. Les anciens eux-mêmes nous ont transmis la définition précise de la chose et les nuances de l'application. « Colonias, dit Cicéron, sic idoneis in locis... collocarunt « ut esse non oppida Italiæ, sed propugnacula viderentur [1]. » Telle est l'idée que Cicéron nous donne aussi de Narbonne : « Colonia nostrorum « civium, specula populi romani et propugnaculum [2]... » Tite-Live tient le même langage, en divers lieux : « Coloni, præsidii causa, adversus Vols- « cos scriberentur [3]. — Colonia adversus Umbros missa [4]. » Il était difficile quelquefois d'obtenir des enrôlements pour les colonies nouvelles, parce qu'elles étaient un poste de danger pour les trois cents colons réglementaires qu'on envoyait, suivant la coutume : « Nec qui nomina darent « facile inveniebantur, quia in stationem prope perpetuam infestæ regionis, « non in agros, mitti rebantur [5]. » C'est enfin la notion que donnent des colonies romaines les écrivains gromatiques [6] et les scholiastes les plus autorisés [7]; et leur témoignage a fixé l'opinion des érudits qui ont le mieux connu l'antiquité [8]. La fondation des colonies, leur *deductio*, leur *assignatio*, leurs *leges*, étaient à Rome affaire d'État, au premier chef; elles furent un puissant moyen de propager et de consolider la domination romaine.

[1] *De lege agraria contra Rullum*, I, XXVII, 73, Nobbe.

[2] *Pro Fonteio*, I, XIII, Nobbe.

[3] Tite-Live, IV, II.

[4] *Id.* X, X.

[5] *Id.* X, XXI. Madvig, p. 226, 227, *loc. cit.* Très-complet sur ce point.

[6] Voy. entre autres Siculus Flaccus, dans la collection de Lachmann, p. 135; et p. 2, Goez. Madvig, *loc. cit.* p. 223, 224; Zumpt, *De colon. milit.* dans ses *Comm.* I, p. 438 suiv.

[7] Voy. Servius, ad *Æneid.* I, 12; texte de Burmann, p. 14. Cf. Goez, *Antiq. agrar.* p. 7, 22, 23, 36, etc.

[8] Voy. entre autres Rudorff, *Gromatisch. Instit.* VII, p. 323, et Camillo Re, *loc. cit.* p. 20. Cf. M. Duruy, *Hist. de la Grèce ancienne*, t. I, p. 7; Heyne, *Opusc.* t. I et III.

L'élément de population employé pour peupler les colonies varia selon les temps et les besoins. On n'employa d'abord que l'élément romain; et, comme le citoyen inscrit pour la *deductio* transportait ses aptitudes originaires dans la colonie, laquelle devenait ainsi une image réduite de la métropole[1], où tout citoyen était soldat, la défense du sol parut assez garantie par la subordination politique et militaire des cités colonisées. Mais, pour venir en aide à la population romaine, et par d'autres motifs politiques, qu'il serait déplacé d'énumérer ici, on fut conduit, comme l'indique Servius, à l'emploi des *socii* au lieu et place des *cives*, pour alimenter les colonies, et le *jus Latii* parut suffire, au lieu de la *civitas*, à rémunérer les services rendus par les colons de cette catégorie; de là vint la Latinité coloniaire. On peut suivre, dans Tite-Live, cette évolution du système colonial, qui donna naissance aux colonies *latines*, lesquelles ont formé une classe nombreuse de colonies romaines, dès le ve siècle de Rome, à partir de la dissolution de la confédération latine, laquelle avait déjà commencé à fonder des colonies de pareille origine. La faculté de coloniser fut supprimée pour le *Latium;* mais Rome maintint pour son propre compte la pratique des *deductiones* de colonies latines en Italie (Calès, Aquilée, etc.). Elle y trouvait l'avantage de dissiper les derniers vestiges de la vieille et redoutable résistance qu'elle avait trouvée dans la ligue latine, en dispersant ses tronçons en Italie, et, en même temps, en intéressant les *Latini* à ce régime nouveau par des concessions territoriales qui devaient accroître leur bien-être. Une autre utilité se produisait par ce procédé, celle d'ouvrir un débouché au prolétariat romain, en permettant à tout citoyen de s'inscrire pour une *deductio latina*, sous la simple condition tacite de renoncer à la *civitas* romaine, et nous savons que le prolétariat ne se fit point faute de répondre à cette invitation[2]. On est étonné d'en trouver encore le souvenir dans les *Commentaires* de Gaius (I, 131).

L'enrôlement dans ces colonies latines fut même très-recherché. Il y avait profit pour les colons, en ce que les colonies latines obtinrent une autonomie plus complète que les colonies romaines. De cette époque commence une certaine assimilation entre ces colonies et les municipes; elles furent considérées plutôt comme alliées que comme su-

[1] «Quasi effigies parvæ simulacraque «populi romani.» (Aulu-Gelle, XVI, XIII.)

[2] Voy. les textes importants de Cicéron, *pro Cæcina*, XXXIII, *fin.* et *Pro domo*, XXX. Cf. Madvig, Camillo Re, etc. Madvig, surtout, a montré une judicieuse sagacité en cette matière des colonies latines.

jettes[1]. Elles avaient une magistrature qui leur était propre, un *ordo* ou sénat en quelque sorte personnel, un *census* à elles, et même le droit de battre monnaie, comme on le voit dans Eckhel. Dans l'ordre purement civil, les colons *Latini* se rattachaient à la métropole par le *connubium* et le *commercium*. Il y eut des graduations dans l'échelle de la Latinité concédée, et, à cette pratique, il faut rattacher le *Latium majus* et *minus*[2]. Si, dans l'ordre politique, les colonies latines ne participaient ni au *jus suffragii*, ni au *jus honorum*, elles avaient deux moyens d'y parvenir : 1° par l'exercice d'une magistrature annuelle dans leur colonie; 2° par la translation du domicile à Rome et l'inscription au *census* métropolitain, sous la seule condition de laisser un enfant mâle dans la colonie, pour y perpétuer la race du Latin[3]. Du reste, ces avantages furent restreints, vers la fin du ve siècle de Rome, à l'occasion de la colonie de Rimini, et il en sortit une Latinité coloniaire plus conforme à l'esprit de l'institution subordonnée des colonies en général; et notamment le droit de transférer à Rome le domicile fut modifié[4], sur la réclamation des colonies latines elles-mêmes. Finalement la porte par laquelle le *jus civitatis* était envahi par l'affluence des *Latini* demeura fermée, probablement par la loi *Licinia et Mucia* de l'an 659, les moyens ouverts par la loi *Servilia* restant d'ailleurs en vigueur.

Enfin, à côté de ces colonies latines, il paraît bien qu'il y a eu des colonies *juris italici*, dont l'existence est attestée par Asconius, indiquée par Pline l'Ancien, et sur lesquelles on peut lire une savante dissertation de Jacques Godefroi[5]. Ces colonies *italiques* auraient été surtout répandues en Orient; cependant l'érudition contemporaine n'en fait point une classe à part[6].

Le système coloniaire subit une autre grave atteinte, à l'époque des Gracques et des discussions agraires. Il fut proposé d'augmenter la

[1] « Hanc Latinis, id est fœderatis, « viam ad civitatem populi jussu patere « passi sunt, neque in his est hoc repre- « hensum Licinia et Mucia lege... » (Cicer. *Pro Balbo*, XXIV, *init.*)

[2] Voy. Rudorff, *De maj. et min. Lat.* 1860, in-4°, et Marquardt, *Röm. Staatsverw.* I, p. 57, et Gaius, I, 96, Stud.

[3] Voy. seulement Gaius, *Comm.* I, 96. Appien, Strabon, Asconius, plusieurs inscriptions en témoignent aussi. Cf. Cam. Re, p. 22.

[4] Voy. Tite-Live, XLI, VIII, sur l'an 575; il dépeint avec détail l'abus qui se produisait à cet égard et le remède qu'on y appliqua, remède dont la violence provoqua les plaintes de Cicéron, *Pro Sestio*, XIII, XXXI, Nobbe.

[5] Voy. Év. Otton, *De Ædilib.* cap. 1, § 1, *fin.* et Jacques Godefroi, sur tit. XIII, liv. XIV du code Théodosien, p. 146 de l'édit. de Ritter.

[6] Voy. Marquardt, *Röm. Staatsverw.* *loc. cit.* et Willems, *loc. cit.* p. 125 et suiv. Cf. p. 353 et suiv.

mesure des *bina jugera*[1], de toute antiquité allouée aux colons dans la répartition de l'*ager divisus*, et de fonder des colonies extra-italiennes ou transmarines, dans le but spécial de fournir du travail et un fonds de subsistance au prolétariat. Ces projets reçurent un commencement d'exécution par la fondation de la colonie de Carthage (631). Ils se compliquèrent malheureusement d'une autre proposition, qui fut la cause de leur ruine et de la chute des Gracques, je veux dire la proposition de conférer le *Jus civitatis* au *nomen Latinum* et le *Jus Latii* aux autres peuples italiques. C'était le renversement de l'ancienne constitution romaine. On sait ce qui en advint. Le Sénat retourna la proposition des colonies transmarines contre leurs auteurs, en faisant adopter l'établissement de douze colonies nouvelles en Italie même, et fit ainsi avorter le projet d'étendre au Latium le *Jus civitatis*, et à l'Italie le droit de Latinité. C'était plus habile que politique; aussi de la chute des Grecques naquirent Marius et Sylla, puis la guerre sociale, enfin la nécessité pour Rome de transiger sur la propagation du *Jus civitatis*, ce qui fut fait par les lois de 664 et de 665. Mais, par rapport au sujet qui nous occupe, un résultat capital de la lutte fut l'établissement des colonies militaires, dernière forme du régime colonial des Romains, laquelle désormais s'épanouit avec rapidité, prolongeant sa durée jusqu'à la chute de l'empire d'Occident.

L'établissement des colonies militaires fut la conséquence de l'altération profonde introduite par Marius dans la composition de l'armée romaine; et, comme, en ce point, Sylla, César, Pompée et Auguste ne furent que les continuateurs de Marius, ils durent tous pratiquer avec un égal empressement un système colonial qui leur offrait le moyen facile de rémunérer les services exceptionnels de leurs satellites armés. Sylla donna l'exemple de distribuer à ses légions les terres des proscrits. César n'épargna point, à cet égard, les promesses et les générosités, et l'on sait qu'Octave ne s'en fit pas faute à son tour. Le droit de propriété disparut, à vrai dire, pour un certain temps de la terre civilisée; mais de cette mémorable perturbation, qui fit gémir le monde pendant plus de soixante ans, sortit un tel besoin de fixité, de sûreté, de repos, qu'il en surgit une autre révolution sociale, l'institution du pouvoir monarchique héréditaire, adopté comme remède à tant de maux[2]. Plus

[1] Voy. Goez, *Antiq. agrariæ*, p. 18, 47 et suiv.

[2] Appien (*De bello civ.* III) et l'abréviateur de Tite-Live (lib. LXXXIX, épit.) parlent des colonies militaires établies par Sylla et Jules César; et Hygin, ainsi que Frontin, de celles qui furent établies par Auguste. Voy. *ibid.* les *Rei agrariæ script.* Il faut lire dans Ferguson, plus impartial à ce sujet que M. Mommsen,

on demanda de sacrifices et de dévouement aux armées, dans les luttes civiles, et plus elles exigèrent de libéralités; après l'argent des proscrits, ce furent leurs terres, ce fut le sol qui paya tout; et, quand les proscriptions n'alimentèrent plus l'avidité militaire, les terres des barbares furent le prix régulier des services des vétérans : des légions entières furent ainsi colloquées; *cum signis et aquila*, dit Hygin, *et primis ordinibus ac tribunis deducebantur.* Mais Tacite, pénétrant dans l'intimité de ces largesses césariennes, nous en montre l'abus et les conséquences; il s'agit du temps de Néron, il est vrai. « Non enim, « ut olim, dit-il, universæ legiones deducebantur, cum tribunis et « centurionibus, et sui cujusque ordinis militibus, ut consensu et caritate « rempublicam efficerent; sed ignoti inter se, diversis manipulis, sine « rectore, sine affectibus mutuis; quasi ex alio genere mortalium « repente in unum collecti, numerus magis quem colonia[1]. » Depuis le milieu du VIIe siècle de Rome, il n'a plus été fondé que des colonies militaires dans l'empire[2], et le monument d'Ancyre fait allusion au soin que prit Auguste[3] d'une pratique à laquelle gagna la sécurité publique. *Tunc solida domi quies*, dit l'emp. Claude, *cum species deductarum per orbem terræ legionum, fesso imperio subventum est*[4]. Ces colonies militaires étaient maintenues dans une étroite dépendance de la métropole, et le droit d'évocation des vétérans y était le droit commun. Les concessions de terres aux vétérans furent plus tard même accordées à charge de service militaire, ce qui a rapproché la propriété des *agri limitanei*, de la propriété féodale d'une autre époque.

Aussi se produit dans l'histoire romaine une très-grande variété des conditions des colonies. Les unes furent composées des citoyens romains, *togatæ*, conservant dans la colonie leur *Jus civitatis* originaire; cette question de conservation du *Jus civitatis* a été jadis débattue : elle n'est plus discutable depuis Madvig[5], malgré l'opinion contraire de M. Zumpt. D'autres colonies étaient restreintes au *Jus Latii*, quelle que fût la provenance des colons; et encore l'étendue de cette *Latinité* y

l'histoire des désordres dont le monde romain fut le théâtre pendant cette période. Sigonius a donné ici des détails précieux, *De antiq. jure ital.* III, IV. Cf. J. Lipse, *De magn. rom.* page 30, édit. in-4° de 1598.

[1] Tacite, *Annal.* XIV, p. 22. Voyez, sur ce texte, la savante note d'Orelli (2e édition).

[2] Velleius Paterc. I, XV, fin.

[3] Voy. Mommsen, *Res gestæ divi Augusti*, V, XXXV, p. 82. Rudorff, dans ses *Instit. grom.* a tracé un excellent précis des caractères constitutifs de la colonie militaire.

[4] Voy. le témoignage de Claude dans Tacite, *Ann.* XI, XXIV. Orelli.

[5] *Loc. cit.* p. 228 et 229. — Willems, *loc. cit.* p. 357. Cf. Heyne, *Opusc.* t. I et III.

fut très-diverse, selon les temps et les lieux, au gré des *leges colonicæ* de chacune. Enfin, dans les colonies militaires, la diversité de condition put se remarquer aussi, et quelquefois il y eut superposition d'une catégorie sur l'autre, de même qu'il y eut diversité dans les couches de la colonisation. A cela joignez le mélange des naturels non complétement dépossédés, les *incolæ* survenus, incorporés ou isolés. D'où la conséquence qu'en vain l'on chercherait une règle générale et absolue qui fut la loi de toutes les colonies. Elles ont coexisté dans leur variété native, et cette variété s'est prolongée jusque sous l'empire; la trace en subsiste même dans les bas temps, et les cités attachaient beaucoup de prix à cette autonomie dont la centralisation ne fut jamais ambitionnée par le gouvernement impérial. On sait que de cette distribution des terres dans les colonies naquit l'importance administrative et judiciaire des *Agrimensores*, la distinction des *agri occupatorii, relicti, assignati, subsecivi, limitati*, etc. Les théories juridiques de la *deductio* sont à remarquer aussi, pour ce qui touche aux obligations antérieures des colons[1]. C'est aux institutions gromatiques qu'est due la consolidation de la propriété territoriale, qui, après les grands mouvements révolutionnaires des guerres civiles, ne s'est trouvée complétement raffermie que sous les Flaviens. Tacite nous la montre encore dépréciée sous Tibère. (*Ann.* VI, XVI, XVII.)

La prospérité des cités ne commence, pour vrai dire, à se développer avec élan que sous le règne de Vespasien[2].

ARTICLE III.

LES MUNICIPES.

En face des colonies se placent, sous la république et sous l'empire, les municipes, ou cités autonomes, qui ne se rattachaient primitivement au gouvernement romain que par la subordination politique, et qui finirent par se perdre dans la *civitas romana*, en commune destinée avec les colonies de toute catégorie. Leur origine était italique, mais le pays que nous appelons Italie était formé de trois grandes régions, dont la partie centrale portait seule alors le nom qui est commun à toutes trois aujourd'hui. L'Italie supérieure se composait de deux contrées nommées la Gaule Cisalpine et la Ligurie. L'Italie du milieu com-

[1] Goez, *Ant. agr.* p. 9-12.

[2] Voy. Marini, *Atti e monum.* II, p. 226, où se trouve une inscription remarquable, et les *Gromatici*.

prenait le Latium, souche principale du peuple romain; l'Étrurie, la mère des superstitions et des doctrines[1], la Campanie, et au delà de l'Apennin l'Ombrie, la marche d'Ancône ou Picenum, et le Samnium, tous pays d'origine diverse, mais en général pélasgique. Enfin dans l'Italie inférieure, ou la Grande Grèce, dominait l'élément hellénique. Cette contrée suivait un courant politique tout différent de celui de l'Italie centrale.

Dans ce vieux monde italique de cités libres, provenant de divers groupes de populations autochtones, étrusques, latines, volsques, samnites, etc., l'*hospitium* a été la première forme d'union politique, le plus ancien traité de commerce entre des cités amies ou confédérées. L'*hospitium* était un contrat religieux et public, une sorte de traité international, communiquant à des étrangers des aptitudes nationales, donnant droit à des prestations hospitalières, *munera*, ainsi qu'à des obligations de services réciproques, *munere fungi*, et conférant des capacités juridiques.

De là, les noms de *municeps*, formé de *munus capere*, donné à l'individu participant, et de *municipium* donné à la ville admise à cette participation de facultés politiques[2]. La conséquence générale de l'*hospitium* était la communication du *commercium* et du *connubium*, de la *civitas sine suffragio*, plus rarement de la *civitas cum suffragio*. De là les définitions diverses, selon le temps et les lieux, des mots *municeps* et *municipium*, définitions quelquefois inintelligibles pour ceux qui oublient ces origines et ces variations; car, si nous en croyons Aulu-Gelle, les anciens ont été les premiers à tomber quelquefois dans ces fautes d'inattention.

Ainsi, *municipium*, dans Festus, dans Varron, dans Aulu-Gelle, indique une cité indépendante alliée à Rome par un *hospitium publicum*. Dans Ulpien même, la vieille étymologie est conservée : le *municeps* est défini *muneris particeps;* mais pourtant dans Cicéron, dans Tite-Live, le *municipium* est déjà dépouillé du souvenir du *munus*, et *municipium* n'accuse plus que l'indépendance locale, avec une participation plus ou moins étendue à la *civitas* romaine.

Les Grecs pratiquaient aussi l'*hospitium publicum*, mais on ne saurait le confondre avec l'*hospitium publicum* des Romains, malgré les affinités de l'un et de l'autre[3]. Un sénatus-consulte de l'an 365 porte que[4] : *cum*

[1] Avant d'envoyer à l'école leurs enfants chez les Grecs, les anciens Romains les avaient envoyés chez les Étrusques. (Voy. Maffei, *Ist. dipl.* p. 211.)

[2] Voy. Willems, *loc. cit.* p. 399, cf. avec p. 121, 122. Voy. aussi Mommsen, dans ses *Forschungen*, t. I. p. 326-354.

[3] Voy. Meier (m. h. e.), *De proxenia, sive de publico Græcorum hospitio*, Halle, 1845, in-4°.

[4] Tite-Live, V, L. Au livre II, XLV, l'historien parle aussi d'*hospitia publica*

Cæretibus HOSPITIUM *fieret, quod sacra populi romani ac sacerdotes recepissent, beneficioque ejus populi non intermissus honos deorum immortalium esset;* et un texte de Strabon fixe le sens de cet *hospitium*, en le traduisant par le droit de cité, *sine suffragio*[1]. César parle de l'*hospitium* dont jouissaient les *Ædui*[2], et ce que rapporte Tacite du sénatus-consulte qui suivit le discours célèbre de Claude, ne peut nous laisser aucun doute sur la signification du mot[3]; il était évidemment synonyme de *fœdus æquum*. Il est employé dans l'acception de patronage par Cicéron[4]. L'auteur du *De bello Hispanico* qualifie l'*hospitium* de *sacrosanctum*. C'était donc un contrat public de clientèle, susceptible de résiliation, de *renuntiatio*[5], mais qu'il était criminel de violer. Depuis que le *Latium*, d'abord, puis l'Italie entière, avaient été dotés du *jus civitatis*, le mot d'*hospitium* n'avait plus sans doute, entre les trois mers et les Alpes, la portée d'une participation aux *munera*, c'est-à-dire aux droits de cité. Mais il y eut hors de l'Italie des peuples *amici*, des *socii* du peuple romain, et d'autres peuples qui se rangèrent sous l'*hospitium*, c'est-à-dire sous le patronage de puissants personnages romains. *Hospitium* devint ainsi une espèce de clientèle privée (Aulu-Gelle y indique quelques différences[6]) et ce caractère n'a point échappé à la sagacité de Maffei[7]. Nous avons les monuments de contrats de ce genre passés, en Afrique, entre des communautés, colonies ou municipes et leur patron[8]. Leur texte ne laisse aucun doute : *civitas Themetra hospitium fecit cum Caio Silio*, etc. *Caius*

conclus avec des *Latini*. Cf. Madvig, *loc. cit.* p. 220.

[1] Strabon, *Géogr.* V, p. 337, de l'édit. de 1707, in-fol.

[2] Voy. César, *De bello Gall.* I, XXXI.

[3] « Orationem principis secuto patrum « consulto, primi Ædui senatorum in « urbe jus adepti sunt; datum id fœderi « antiquo. . . » (Tacite, *Annal.* XI, XXV, p. 331, Orelli.)

[4] *In Verrem*, VI, 65; *pro S. Roscio amerino*, VI : « Vicinitatis facile primus, « tum gratia atque hospitiis florens homi « num nobilissimorum. » (Cf. *pro Balbo*, 18.)

[5] *De bello Hisp.* XVI.

[6] Voy. le chap. d'Aulu-Gelle, intitulé : *De officiorum gradu atque ordine*, etc. V, XIII.

[7] Voy. son *Istoria diplomatica*, 1727, p. 39 et suiv.

[8] Voy. pour une colonie de Sardaigne, une *Tabula* sur bronze, de l'an 158 de J. C., dans Henzen, t. III, Orelli, n° 6413. — Voy. aussi Orelli, n° 3058. — Voy. enfin deux inscriptions hospitiales publiées sur l'original, par Maffei, *Ist. dipl.* p. 38, et reproduites par Mommsen, *Corp. inscr. lat.* V, 1, n°s 4919 et 4920. On ne peut en suspecter l'authenticité, quoique Sirmond les ait rangées parmi les œuvres Ligoriennes. A ces deux inscriptions, Mommsen en a joint deux autres provenant de Gruter, et offrant les mêmes caractères (*ibid.* n°s 4921 et 4922); il faut compléter cette intéressante collection par deux autres inscriptions de même nature publiées par Marini, *Atti e mon.* II, p. 782, reproduites dans Morcelli, *De stylo*, etc. I, p. 300 et 303. — Il y aurait un bien curieux *excursus* à écrire

Silius..... in fidem clientelamque suam recepit[1]. Il y eut, par conséquent, des *hospitia publica* et des *hospitia privata*[2]. Cependant on trouve encore, en Italie, et sous Trajan, des traités de commune à commune, qui stipulent des participations aux droits municipaux : *ut incolæ.. muneribus nobiscum fungantur*[3], et qui rappellent l'*hospitium* cæritain du vieux temps, ainsi que la définition subsistante des jurisconsultes romains : *muneris participes, recepti in civitatem ut munera nobiscum facerent*[4].

C'est donc par l'*hospitium* que les cités étrusques et latines se sont introduites dans la participation au droit de cité romaine. Ainsi changèrent avec le temps et selon les circonstances les conditions d'alliance et de soumission des cités italiques avec Rome. Les guerres avec les Étrusques, avec les Latins et avec les peuples de la basse Italie en furent la principale occasion, et, pour le dire en passant, ces prérogatives purement municipales se croisèrent de bonne heure avec les droits constitutionnels des colonies latines ou romaines. Mais, au VIIIe siècle de Rome, le droit de Latinité, base du droit des municipes, disparut de l'Italie, fut transplanté dans les établissements extra-italiens, où il parcourut des phases diverses, jusqu'au jour où la célèbre constitution d'Antonin Caracalla plaça, par rapport à la *civitas*, tout le reste de l'*orbis romanus* sur le même pied que l'Italie elle-même. Peu importait alors d'avoir la *civitas cum* ou *sine suffragio*.

Aussi, dès le temps d'Aulu-Gelle[5], ce grammairien s'écriait : « Municipes et municipia, verba sunt dictu facilia et usu obvia; et neutiquam reperias, qui hæc dicit, quin scire se plane putet quid dicat : « sed profecto aliud est, aliud dicitur. » Malheureusement Aulu-Gelle n'a pas plus clairement expliqué la chose que les autres, ce qui est assez désespérant pour ceux qui l'entreprennent après lui. Il le faut essayer pourtant; de là dépend l'exacte intelligence de toute histoire romaine, car l'Italie, au temps de la république, était formée de groupes ou plutôt d'associations de municipes, sous la protection dominante de quelques municipes supérieurs, d'abord, puis d'un seul municipe suzerain[6], qui fut la cité romaine. C'est l'idée que résume la *Lex Julia mu-*

sur ces monuments où nous voyons figurer des dynasties africaines, provenant probablement de la dispersion des familles carthaginoises.

[1] Maffei, *loc. cit.* p. 38. Cf. Willems, *passim.*

[2] Il y a quelque confusion à cet égard dans Willems.

[3] Mommsen, *Corp. insc.* V, I, n° 875.

[4] Fr. I, § 1, *Dig.* L, 1.

[5] Lib. XVI, XIII.

[6] Sur l'état de l'Italie avant la loi *Julia* cf. Madvig, *loc. cit.* p. 240 à 245, et Zumpt, *Studia*, p. 344 et suiv.

nicipalis de Jules César. Elle nous rappelle ce que fut la France féodale au XIe siècle; une association de fiefs indépendants, sous la protection ou la suzeraineté d'un fief supérieur, avec la différence que ce qui était fief suzerain ou subordonné, au Xe siècle, était république supérieure ou subordonnée mille ans auparavant, en Italie. La question de prépotence avait été nettement posée plusieurs fois, notamment dans la guerre Latiale et dans la guerre des Samnites : *Samnis Romanusve imperio Italiam regat*[1]? Elle le fut d'une façon plus redoutable encore dans la guerre sociale, quoique la forme fût diverse.

Ce que nous savons des peuples qui composaient le *nomen Latinum*, et à ce groupe ethnographique se rattache de bonne heure le groupe étrusque, nous représente un état social, composé à peu près des mêmes éléments que la société romaine proprement dite. Mêmes mœurs, même langue, mêmes institutions civiles et politiques; la forme municipale en était l'expression universelle[2], et toute l'histoire de Rome se résume dans la lutte d'indépendance entre les cités latines ou italiques et la suzeraineté romaine. L'identité des qualités originaires avait donc produit facilement une identité de constitution intérieure et une analogie prononcée dans le droit public des uns comme des autres. L'assimilation de plus en plus complète, telle fut la tendance de tous les peuples italiques. Chacun, à jour donné, modifia ses institutions primitives pour se mouler sur la constitution romaine, ce qui fut à remarquer surtout pour les Étrusques et pour la basse Italie. Les cités étrusques adoptèrent facilement les formes latines, et les dignités latines eurent plus de durée que les dignités étrusques. Il y avait, sous les mêmes noms, ou sous leurs équivalents, des sénats, des consuls, des dictateurs, des préteurs, des tribuns, des censeurs, dans les cités latines ainsi qu'à Rome[3]. La hiérarchie latine a été comme parallèle à la hiérarchie romaine. Cette similitude ne blessait point la dignité de Rome; c'était à la question de suzeraineté qu'aboutissait uniquement tout conflit. La question d'indépendance administrative des municipes restait à l'écart. Rome respecta toujours cette autonomie restreinte, à la condition que les municipes lui fussent politiquement subordonnés, fournissent des contingents à ses armées, et se soumissent à son influence supérieure; ce qui fut fait[4].

[1] Tite-Live, VIII, XXIII, et Zinkeisen, *Samnitica* (1831, in-4°), p. 27.

[2] Voy. Zinkeisen, *Samnitica*, p. 31 à 35.

[3] Voy. Bouchaud, *loc. cit.* p. 175 à 190, et Otton, *De Ædilib.* p. 50 de la deuxième édition, au § 2 tout entier.

[4] Sur la condition des municipes *æquo fœdere*, voy. Madvig, *loc. cit.* p. 236 à 240. Madvig a rétabli, sur ce

Ainsi, par la loi *Julia, de civitate*, de l'an 664, la communication de la *civitas* fut offerte aux Latins, s'ils le voulaient bien[1], et, par le plébiscite de 665, le droit de cité fut accordé à tous les Italiens qui se feraient inscrire dans les deux mois aux rôles des magistrats[2]; et plusieurs municipes préférèrent leurs lois nationales à la cité romaine. Ainsi fut terminée la guerre sociale. L'Italie avait définitivement perdu son indépendance politique, mais son indépendance administrative avait été consacrée. Une grande activité dans la vie municipale en fut la conséquence. Les *leges municipales* locales doivent remonter à cette époque[3], où l'on commence à remarquer certaine confusion entre le titre de municipe et celui de colonie. L'ancienne Latinité disparaissait alors de l'Italie propre ou centrale; mais, au nord de l'Arno, la Gaule Cisalpine était le refuge momentané du *jus Latii* qui lui fut concédé, en attendant que J. César la dotât aussi de la *civitas*, en 705. Alors le droit de Latinité, disparu de l'Italie entière, fut transplanté dans les établissements extra-italiens, où le système ancien des cités italiques se propagea, par l'influence des armes romaines et par une habile combinaison de l'administration des Césars. La capitale, sans abandonner ses priviléges politiques, favorisa partout la formation de corps de ville ou d'agglomération (*vici, pagi, conciliabula*, etc.[4]), auxquels elle départit certains droits d'autonomie administrative, qui furent un principe de prospérité locale, et qui étaient gradués suivant les services et le mérite de chacun. De là naquit et se développa, hors de l'Italie, spécialement en Gaule et en Espagne, un droit de Latinité, un droit italique, lesquels ne furent que l'expression et la mesure de la liberté administrative attribuée à chaque centre de population, jusqu'au jour où la célèbre constitution d'Antonin Caracalla plaça, par rapport à la *civitas*, tout le reste de l'*Orbis romanus* sur le même pied que l'Italie elle-même. Et voilà pourquoi l'on a trouvé, dans des statuts municipaux de cités espagnoles, des *cives Latini*, que Salluste n'avait connus que dans le Latium[5], des *cives Italici* dans la Grande-Bretagne[6], alors d'ailleurs que l'expression de *civis* n'était plus équivalente qu'à celle d'habitant ou d'origi-

point, la vérité historique contre les hardiesses de Niebuhr.

[1] Voy. Cicéron, *Pro Balbo*, VIII, 21.

[2] Cicéron, *pro Archia poeta*, IV, 7.

[3] Voy. Camillo Re, *loc. cit.* p. 26.

[4] Sur les *pagi* considérés comme parcelles de municipe, ou comme commune à part, cf. Mommsen, *Insc. neap.* p. 184; Zumpt, *Dissert. de Lavinio*, p. IX; et surtout Bimard, dans son introd. à la collect. épigraphique de Muratori. — Cf. Willems, *loc. cit.* p. 379.

[5] Voy. mes *Tables de Salpensa et de Malaga*, p. 118.

[6] N° 1095 du t. VII, du *Corp. insc. lat.* de Berlin.

naire; on trouve, en effet, sur une inscription de Lyon[1], *civis Batavus; civis Taunensis* sur une inscription de Nassau[2]; et *civis Helveticus* sur une inscription de Suisse, recueillie par Orelli[3]. Par rapport au *civis Romanus*, tous ces *cives* externes n'en étaient pas moins *peregrini*[4]. Il arrivait fréquemment que, dans le même municipe, il y avait mélange de droits personnels, et M. Zumpt, dans ses *Studia*, en a tiré d'ingénieuses conclusions (p. 278 et 279).

Ainsi nous remarquons, dans l'ordre des cités municipales, la même variété de condition que nous avons remarquée dans l'ordre des colonies. Chacune avait des coutumes locales, ses *leges propriæ*, comme jadis chez nous on comptait si grand nombre de coutumes particulières, et leur durée se prolongea fort avant sous l'empire, jusqu'au jour où elles s'effacent devant la loi générale de l'État[5]. Cette liberté d'usages était fort précieuse aux municipes; il faut la compter au nombre des causes d'épanouissement de la vie municipale. Mais si, de ces pratiques urbaines ou rurales, nous passons aux relations politiques, nous trouvons un régime restrictif très-prononcé. A la vérité, on avait fait aux municipes une large part dans l'attribution du *jus honorum*, qui n'intéressait que les sommités municipales[6]; la loi *Julia* l'avait conféré à toute l'Italie, et l'on sait que César avait franchi toutes les règles à ce sujet, en ce qui touche les transalpins et les transmarins[7]. Auguste, cédant à l'opinion romaine, réagit contre ces énormités[8]. Claude rappela les Gaulois et les Espagnols dans le Sénat[9], et se prévalut d'anciens exemples peu concluants[10]. Mais, quand il s'agissait de haute police, la sujétion des municipes était complète. La reconnaissance de la *majesté* romaine les soumettait à une obéissance absolue. On en a la preuve authentique dans le sénatus-consulte des *Bacchanales* et dans d'autres monuments épigraphiques[11]. Il est inutile d'ajouter l'exemple du conflit survenu entre les habitants de Pompéi et ceux de Nucérie, rapporté par Tacite (*Ann.* XIV, XVII), et dont nous avons fait remarquer la sévère répression dans un précédent chapitre. La conséquence de cet assujettissement des municipes

[1] Voy. Boissieu, *loc. cit.* p. 334, et L. Renier, *Mélanges*, p. 212.

[2] *Insc. lat. Nassov.* 1855, p. 1 et 94.

[3] Orelli, *Insc. helvet.* n° 80, p. 26.

[4] Voy. Willems et sa saine doctrine à cet égard, *loc. cit.* p. 121, 122.

[5] Voy. Otton, *loc. cit.* p. 450-51. — Bouchaud, *loc cit.* p. 156. Cf. Zumpt. *de Lavinio*, p. 24.

[6] Voy. les recherches de Zumpt dans ses *Studia*, p. 334, 435. Le *jus italicum* comprit-il le *jus honorum? Ibid.* p. 337.

[7] Voy. Zumpt, *loc cit.* p. 343 et Ferguson, t. V, trad. franc.

[8] Voy. Crévier, t. I, et Ferguson.

[9] Zumpt, *loc. cit.* p. 342.

[10] Celui de Balbus entre autres. Zumpt, p. 330-333.

[11] Il y a clause expresse dans le sénatus-consulte de 568 à l'adresse des mu-

était la privation de toute force armée autre que celle qui était nécessaire pour la police locale. Suétone sur Auguste nous en a déjà fourni la preuve; et qu'on n'essaye pas de faire argument des στρατηγοὶ dont la présence est signalée dans quelques municipes grecs. Il y a longtemps que l'élasticité de ce nom qualificatif a été signalée et reconnue, et je me borne à renvoyer aux observations sans réplique de Wasteau et de Bouchaud. Στρατηγὸς, sous la domination romaine, ne désigne plus qu'un officier civil; le plus souvent il traduit le *duumvir* latin.

Qu'ajouterons-nous encore des restrictions de la juridiction municipale? Tout est dit à ce sujet depuis longtemps[1]. Cependant, M. Roth a exagéré quand il a dit : *Jurisdictio exigua est et pæne nulla*[2]. Les magistrats municipaux avaient eu, sous la république, une juridiction fort étendue; elle fut limitée après les lois juliennes et la loi *Rubria*. Le jugement des affaires importantes de tout ordre fut réservé aux assises (*conventus*) périodiques du gouverneur de la province; mais il n'en resta pas moins aux magistrats municipaux des attributions administratives et judiciaires qui en faisaient des personnages considérés dans leur municipe, avec un appareil d'officiers ministériels qui imposaient le respect autour d'eux : *apparitores et limocincti*[3]. Je ne pense pas, comme on l'a cru (voy. Otton et Roth), que les élections municipales fussent soumises à l'approbation impériale. Mais il est assuré que la *Lex municipalis* de Jules César avait réglé certaines conditions électorales, et, qu'en cas de vacance des magistratures, le gouvernement central pouvait requérir de promptes élections. Les lois de 664 et de 665 n'ont pourtant pas été nuisibles à la prospérité des municipes. L'époque où Jules César dirigeait la guerre des Gaules a été celle de leur plus grand lustre et de leur plus active influence sur les affaires publiques. Les candidats briguaient alors leurs suffrages[4]. Leur condition empira dès le début de la guerre civile. Le premier livre de César, *De bello civili*, porte le témoignage des exigences dont les partis les accablèrent. Leur fortune se

nicipes. Voy. le *Corp. inscr.* de Berlin, t. 1, p. 43; — et l'inscription Venusine, *ibid.* p. 35. — Cf. le sénatus-consulte cité dans la *lex municip.* de Lanuvium, cité par Mommsen, *De sodalitiis*, avec les textes de Suétone rapportés *ibid*

[1] Voy. un excellent chapitre d'Otton, *loc. cit.* p. 434 et suiv. — MM. de Raincourt et Dubois ont très-bien traité cette question dans leurs ouvrages, que nous avons cités.

[2] *De re municip.* p. 24, n. 40. Wasteau a plus approfondi cette question (p. 285, 286), sur laquelle les tables de Salpensa et de Malaga nous ont apporté des lumières nouvelles. (Cf. M. Willems, *loc. cit.* p. 374 et suiv.)

[3] Insc. de Vérone, dans Mommsen, *Ins. lat.* V. I. n° 3401.

[4] Voy. César, *De bello Gall.* VIII, L, complété par la correspondance de Cicéron; *Ad Attic.* II, I.

releva sous Auguste. L'aristocratie y porta ses empressements et son patronage; mais le joug se fit sentir sous Tibère et ses successeurs, pour s'alléger sous les Flaviens, dont l'administration fut une époque de bonheur et de réformes utiles[1]. Mais, ni à cette époque, ni à celle des Antonins[2], qui fut non moins prospère pour les cités, le corps des municipes ne saurait être comparé au corps germanique du XVIIIe siècle. Si la comparaison de M. Roth peut offrir quelque vraisemblance, c'est pour l'époque qui a précédé les lois juliennes et la guerre sociale.

De tout ce qui précède il ressort que des différences profondes ont séparé la colonie et le municipe, ces deux éléments principaux de l'*Orbis romanus*. Différence d'origine d'abord, la colonie partant de Rome, lieu où son germe a pris naissance, physiquement ou politiquement du moins; le municipe ayant ses racines loin de Rome, mais se rapprochant insensiblement de la capitale, par l'attache politique. La fonction de chacun n'en fut pas moins diverse : le colon, envoyé de Rome pour aller sur la terre étrangère ménager, protéger l'envahissement de la métropole; le municipe défendant sa nationalité contre la suprématie romaine, et ambitionnant néanmoins les avantages de la nationalité romaine, sans abdiquer la sienne. Si nous considérons la religion, et chez les anciens la question est aussi capitale que chez les modernes, nous trouvons le colon, qui transporte dans sa cité nouvelle les dieux et le culte de la métropole; nous trouvons le municipe, qui maintient quelquefois ses croyances héréditaires contre le contact périlleux d'une foi religieuse qui n'est pas la sienne, alors même qu'il reçoit la communication des droits de cité romaine. Enfin, au point de vue des lois, la différence de condition n'est pas moins considérable. Le colon porte sa loi, romaine, latine ou italique, dans la colonie; il n'est pas maître d'en changer. Le municipe garde sa loi native, s'il lui plaît; s'en donne une nouvelle, s'il lui convient, et, même en recevant la loi romaine, c'est encore une loi adoptive qu'il observe; elle ne lui fut pas violemment imposée. Le colon est un sujet de Rome; le municipe est un allié. L'un subit une loi hiérarchique, l'autre exécute les clauses d'un traité. L'un s'administre selon ses convenances, l'autre reçoit de la métropole sa loi administrative toute faite. De ces diversités fondamentales résultent des conséquences qui n'ont pas plus échappé aux écrivains anciens qu'elles n'échappent à l'observateur moderne[3]. Les colonies ont mieux réfléchi peut-être la

[1] M. Zumpt a traité avec étendue de l'influence des Flaviens sur le régime municipal. *Studia*, p. 304-308.

[2] Voy. dans Gibbon, t. I, le brillant tableau du règne des Antonins.

[3] Voy. Tite-Live, VIII, XIV; Festus,

majesté romaine; et de là vient qu'en certains cas des municipes ont ambitionné l'échange de leur titre contre celui de colonie[1]; mais généralement la condition des municipes était réputée plus avantageuse[2]. Beaucoup de cités ont passé alternativement de l'une à l'autre, en tout ou en partie[3]. Le municipe n'était tenu régulièrement qu'à fournir les contingents et les subsides convenus; la colonie, surtout la colonie militaire, était toujours sous la menace de l'évocation, à moins que la *lex colonica* n'y eût pourvu par des garanties. Par la force des choses, un mouvement de fusion et d'assimilation s'est imposé aux colonies et aux municipes, surtout après l'établissement de l'empire. Il a pu commencer en Italie, après les lois Juliennes[4]; mais il est difficile d'en marquer l'époque précise, et pas plus aisé d'affirmer qu'il ait jamais été entièrement complété ou accompli. C'est ce que Madvig a montré avec beaucoup de sagacité, s'autorisant du témoignage de Pline l'ancien, qui accuse la persistance des diversités originaires[5].

ARTICLE IV.

LA LOI MUNICIPALE DE J. CÉSAR.

La savant Mazocchi crut d'abord, en 1754, que le monument d'Héraclée n'était qu'une fraction d'un Digeste municipal, dans lequel sa sagacité découvrait bien un lambeau de loi municipale qu'il n'hésita point à attribuer à Jules César, mais dans lequel il voyait aussi d'autres fragments de règlements municipaux de diverse origine. Le temps et la réflexion ont ramené les modernes à l'idée plus simple que la table d'Héraclée n'est, dans sa totalité, qu'une partie notable de la loi du dictateur, dont le complément intégral n'a malheureusement encore été découvert nulle part. Ce sont ces deux points de vue qui séparent le système de Mazocchi, auquel ont paru se prêter Hugo, Marezoll et Dirksen[6], du système de M. de Savigny, lequel a obtenu l'assentiment

v° *municipalia sacra;* Aulu-Gelle, XVI, XIII; Otton, *loc. cit.* p. 21, 26; Bouchaud, *loc. cit.* p. 144 à 155; Wasteau, *loc. cit.* p. 256 et suiv.

[1] Otton, *loc cit.* p. 33.

[2] Bouchaud, *loc. cit.* p. 161; Madvig, p. 248. Pilati de Tassulo, I, p. 271, 280.

[3] Bouchaud, *loc. cit.* p. 164 et 171.

[4] Voy. Bouchaud, *loc. cit.* p. 173 et suiv. d'après Otton.

[5] Voy. Bouchaud, p. 166, 167, et Madvig, p. 248 et *alibi passim* Cf. Gibbon, t. I, p. 120.

[6] Voy. Hugo, *Civilist. Magazine*, t. III, p. 340-388; Marezoll, *Fragm. legis romanæ*, etc.; Götting, 1816, in-8°; Dirksen, *Observat. ad tab. Herac.* 1817, in-8°, et mieux, en 1820, dans ses *Civilist. Abhandl.* t. II, p. 144-323.

universel, qu'a développé très-habilement M. Mommsen [1], en lui attribuant une plus grande portée politique, mais que M. Zumpt a restreint, il me semble, à une visée plus exacte et plus pratique [2]. Après les recensions de Göttling [3] et de M. Mommsen [4], il est à croire que nous possédons aujourd'hui le texte précis de cette loi (*Miscella* ou non) dont le bronze d'Héraclée ne nous a transmis d'ailleurs qu'une copie administrative; l'original n'a pas été retrouvé [5]. Avec la loi Rubria, dont un fragment nous est parvenu, sous le titre de *Loi de la Gaule cisalpine* [6], nous avons le contingent qui nous reste, de Jules César, dans l'œuvre de rénovation du droit municipal romain.

La date de la *Lex Julia municipalis* est parfaitement fixée par une lettre de Cicéron à Lepta, de l'an 709, sur le sens de laquelle tous les éditeurs de Cicéron, depuis Paul Manuce jusqu'à M. Schütz, s'étaient mépris [7], et dont Mazocchi a, le premier, fixé la vraie signification, en cela complété par M. de Savigny. Le titre de *Lex municipalis* est également fourni, pour le fragment d'Héraclée, par une inscription de Padoue, citée à l'aveugle, jusqu'au jour où Mazocchi en signala l'importance, et dont M. de Savigny a tiré à son tour un si habile parti. Selon M. Mommsen, plus absolu sur ce point que M. de Savigny, Jules César aurait voulu renouveler en entier le système municipal des Romains, et la loi de 709 serait non une loi *Miscella* ou *per saturam* (en cela j'incline à son avis), mais une loi organique municipale contenant tout un règlement de constitution politique, administrative et de police des

[1]. *Hist. rom.* t. VIII, p. 151, de la trad. fr. Cf. les pages 316 et suiv.; et Marquardt, *Röm. Staatsverwalt*, I, p. 65 et suiv.

[2] Dans ses *Comment. épigraph.* t. I, p. 82 et suiv.

[3] *Funfzehn röm. Urkunden*, 1845, in-4°, p. 39 et suiv.

[4] Dans le *Corpus inscript. lat.* de Berlin, t. I, p. 119 à 125.

[5] Göttling, *loc. cit.* p. v et 60.

[6] Ce fragment ne contient qu'un règlement de procédure. Voy. Marini, *Atti e monum.* I, p. 107 et suiv. et II, p. 568 et suiv.; Hugo, *Civilist. Magaz.* t. II, p. 431 et suiv.; Dirksen, *Observat. ad selecta legis Gall. cisalp.* 1812, in-4°; *Corp. insc. lat. berol.* t. I, p. 115. C'est une reproduction de la *Legis Rubriæ pars superstes*, publ. par M. Ritschl, à Berlin, 1851, in-4°.

[7] Voy. Paul Manuce dans ses notes sur les *Epistol. ad familiares*, édit. *Variorum* de 1693, t. I; cf. Schütz, dans son édition des *Epist.* de Cicéron, *temporis ordine digestæ* (1809), t. V, p. 64. M. Billerbeck, dans son édition, d'ailleurs excellente, des mêmes *Epistolæ* (Hanov. 1836, 4 vol. in-8°), a reproduit la note de Schütz, sur la lettre à Lepta, sans se douter de l'importance donnée à ce texte par Mazocchi et Savigny. Tous ont pensé que le projet de loi indiqué par Cicéron n'avait pas eu de suite. Le premier article de M. de Savigny, sur ce sujet, a paru dans sa *Zeitschrift*, en 1838. Il y a eu des appendices en 1842 et 1850. Le tout a été reproduit dans les *Vermisch. Schrift.* de l'auteur, t. III, p. 279 et suiv.

municipes, applicable à tout l'*Orbis romanus* (je puis encore l'accorder), Rome y apparaissant comme le premier municipe de l'empire; nous n'aurions évidemment qu'un fragment de cette loi constitutionnelle. Il y a quelques doutes à objecter contre l'hypothèse générale de M. Mommsen et contre le but radical qu'il suppose à César. César était doué d'un grand génie, mais moins absolu que ne l'a fait M. Mommsen; et, comme le monument complet de son œuvre municipale nous échappe, il faut la juger d'après le témoignage de ce qui nous reste, et d'après le caractère de son auteur[1].

La loi municipale de J. César nous semble avoir eu pour objet, non de faire une révolution brusque dans les habitudes italiques, mais de régler seulement les rapports actuels des municipes avec la suzeraineté romaine, et de préparer, pour l'avenir, une organisation similaire de chacun d'eux. Voilà pourquoi la loi est muette sur la constitution particulière de chaque cité, colonie, municipe ou préfecture; sur les pouvoirs de la curie ou sénat local; sur l'élection des magistrats, sur leurs titres divers, et sur leurs attributions, toutes choses à l'égard desquelles régnait de fait une variété à laquelle César ne touchait pas, attendu qu'il y avait des libertés et des pratiques consacrées par un usage qu'il voulait respecter.

Une pensée dominante semble pourtant préoccuper l'auteur de la loi de l'an 709 : c'est la *formula census* de l'Italie, récemment admise à la *civitas*, le règlement à suivre dans le recensement prochain des citoyens nouveaux, dont les dernières lois avaient singulièrement multiplié le nombre, et dont le droit de suffrage politique avait tant d'importance, pour l'organisation définitive du gouvernement romain et pour la mise en mouvement de sa puissance colossale. Tel apparaît au lecteur attentif le point capital de la *Lex Julia municipalis*, si nous en jugeons par le monument tronqué qui en est venu jusqu'à nous. Il y avait à Rome, à l'époque des élections et des distributions publiques, une telle affluence de *cives* des colonies et des municipes, qu'il en résultait des désordres, au milieu desquels s'est effondrée la république[2]. Les comices étaient devenus chose impossible, et César devait désirer de rétablir des élections régulières, il nous l'apprend lui-même[3]. La cons-

[1] Le tome VIII de Mommsen (trad. fr.) doit être contrôlé par la correspondance de Cicéron et par le tome V[e] de l'*Hist. rom.* (trad. fr.) de Ferguson, bien plus rapproché de la vérité, sur bien des points, que l'historien allemand.

[2] Voy. Madvig, *loc. cit.* p. 239, 340, et p. 254, où est rapporté un texte d'Appien.

[3] Voy. Zumpt, *Studia*, p. 209 et 216; et Ferguson, t. V, p. 136 (trad. franç.).

titution du décurionat et la préparation d'un nouveau cens général, dont le gouvernement romain était privé depuis longtemps, tel paraît être, en effet, le but principal de la loi de 709.

La réforme préparatoire du dictateur avorta par sa mort prématurée. La loi est de 709 (septembre ou octobre); la lettre de Cicéron en fixe la date précise. Le meurtre de César est de l'an 710 (ides de mars); la loi resta donc sans exécution, relativement aux mesures qu'avait arrêtées la prévoyance habile du vainqueur de Pompée. De mortelles secousses ont alors agité les municipes, et c'est seulement après une nouvelle et sanglante période de guerre civile qu'Auguste, devenu maître à son tour de la république épuisée, a pu reprendre, sur ses errements anciens, la grande affaire du recensement et de ses conséquences politiques, ainsi que le règlement pratique de la condition administrative des cités, dans leur rapport avec le gouvernement central. Cette dernière *forma reipublicæ* fut à peu près celle-ci[1] : indépendance intérieure des cités, en ce qui touchait leurs magistratures, leurs corporations, leur police interne, leurs usages civils et leur représentation communale, le tout combiné pourtant, en une certaine mesure, avec le droit commun romain, notamment pour la juridiction. En dehors de chaque cité, libre accès était assuré pour les *cives municipii* au *jus honorum* à Rome, par l'accomplissement de certaines conditions. Quant à l'exercice du *suffragium*, il était coordonné avec la police générale de l'empire; mais, pour ce qui était des relations extérieures de chaque municipe, un droit public nouveau, ou confirmé, assujettissait complétement les cités au contrôle du sénat et du prince, c'est-à-dire à l'influence et à la direction supérieure du gouvernement central établi à Rome. « In omnibus rebus externis, dit un judicieux épigraphiste[2], municipia nihil erant nisi imperii partes, quæ rempublicam non habebant separatam a communi imperio. »

Voilà le vrai du fond des choses; toutefois, à la surface, il en était autrement. Les monuments épigraphiques de l'époque d'Auguste abondent en formules de ce genre : *ob restitutam rempublicam.* C'était le thème favori du prince; tous ses amis tenaient le même langage. Voyez seulement notre incomparable *Laudatio funebris* de Thuria; et même, dans son testament, Auguste nous dit : « Consul quintum, jussu populi. » Partout il était convenu que le fils adoptif de César n'avait pas fait d'autre révolution que de remettre la république sur sa base : *restituere*

[1] Voy. Herzog, *Narb.* p. 153; — Zumpt, *Comment.* p. 84, 85. — [2] Herzog, p. 157, *loc. cit.*

rempublicam. C'est en propageant cette illusion rassurante, à laquelle se prêta si complaisamment l'*Orbis romanus*, lassé de soixante ans de guerres civiles, *cuncta discordiis civilibus fessa*, que l'empire s'est établi, constitué et affermi, jusques et y compris l'apothéose du prince. Auguste a donc pu disposer, comme il l'a voulu, du monde municipal italique, qui fut heureux d'avoir retrouvé sous ce gouvernement la sécurité, l'ordre et la propriété, tous biens perdus depuis longtemps. Mais, comme nous l'avons dit, le nouveau système municipal ne s'est complétement épanoui que sous les Flaviens, car, au delà des Alpes, Auguste a maintenu la diversité de condition des cités comme principe du gouvernement provincial. Le bon ordre de l'État romain, l'émulation des peuples et l'équité administrative se trouvaient satisfaits d'une variété [1] qui répondait à tous ses intérêts. Cette diversité politique et municipale ne fut d'ailleurs que temporaire, car la tendance à l'unité, en dehors de l'Italie, suivit paisiblement les degrés qu'elle avait franchis en Italie avec agitation.

Ainsi, liberté dans toutes les petites choses, subordination dans toutes les grandes, telle fut la théorie municipale d'Auguste et de ses successeurs du haut empire, théorie qui était en dehors de la *Lex municipalis* de César, mais que des circonstances nouvelles avaient développée sur le germe ancien, et dans l'application de laquelle furent à peu près confondus les colonies proprement dites, les *municipia*, toutes les agglomérations d'habitants ayant quelque personnalité juridique, ce qui faisait dire à Ulpien, plus tard : « Abusive municipes dicebantur « suæ cujusque civitatis cives. » (Fr. I, § 1, ff. L, 1.)

Quant au recensement lui-même, Auguste l'accomplit, après quarante et un ans d'interruption [2], et en consacra les conséquences avec une mesure ferme, quoique modérée. L'opération produisit les résultats qu'on en pouvait attendre pour la réorganisation générale de la république et la formation du sénat. Les témoignages connus de Suétone et de Dion Cassius me dispensent d'entrer ici dans de plus grands détails [3].

La préparation du recensement paraît donc avoir été la préoccupation dominante de Jules César, dans sa loi de l'an 709. J'ai laissé entrevoir qu'à l'égard de la *formula census*, César avait ménagé les habitudes locales, autant qu'il était possible. Ainsi peu lui importe quel que soit le magistrat qualifié, de la colonie, du municipe ou de la préfecture,

[1] Herzog, *Narb.* p. 153-156.

[2] Voy. Crévier, *Hist. des emp.* I, p. 13, Didot. Son exposition de la constitution d'Auguste, à l'époque du VII° consulat, est bonne à consulter. — Comp. avec Gibbon, t. I, p. 169, édition de 1828, p. 115-44.

[3] Voy. Zumpt, *Comment.* p. 84, 85.

qui reçoive la *professio censualis* [1]. Tout ce qu'il exige, c'est que le magistrat chargé de ce grave soin soit le principal fonctionnaire de la cité, et qu'il y exerce *maximum magistratum*, *maximamve potestatem*, soit qu'il s'appelle *prætor*, soit qu'il se nomme *censor*, soit *duumvir*, *præfectus* ou autre, la variété des usages locaux étant ainsi conservée. Toutefois, comme il s'agissait d'un intérêt d'État, la *Lex Julia municipalis* voulait que la procédure locale de la *professio* fût calquée sur la forme suivie à Rome devant le *censor;* et n'oublions pas qu'au temps des premières lois Juliennes les municipes qui avaient le *jus suffragii* devaient fournir leur *professio* devant le censeur romain lui-même ou devant son délégué [2].

La marche des événements avait donc fait que la direction du *census* fût quelque peu modifiée, à l'époque de sa mise en pratique par Auguste. Les circonstances survenues provoquèrent, sur ce point, la propagation d'une magistrature municipale qui équivalait à la censure, et qui, se développant sous le principat d'Auguste, devint un instrument d'unification administrative, et remplaça bientôt, généralement, dans les municipes, les anciens *censores* communaux, dont la principale attribution, d'origine latine, était la *census actio*. Je veux parler des *quinquennales* dont la dénomination se multiplia, se généralisa sous l'empire, et qui effaça dans peu de temps le nom et le souvenir du censorat ancien, sauf dans quelques cas exceptionnels. C'est un point de généalogie archéologique, parfaitement établi, par M. W. Zumpt, dans ses *Commentationes epigraphicæ*. Ainsi la disparition du *censor* à *Cære* est constatée par une inscription de Gruter [3], dont le témoignage est positif; et la substitution du *quinquennalis* au *censor*, dans cette cité, en l'an 21 de J. C., est un fait de quelque importance.

J'en trouve une nouvelle preuve dans un autre monument de l'antiquité cæritaine. C'est le fragment d'un procès-verbal de délibération des décurions de ce municipe. Les noms des consuls romains qui s'y trouvent consignés lui donnent la date du Ier siècle de l'ère chrétienne. Les dignitaires de la cité y sont énumérés. Le *præfectus* en a disparu. Cære n'est plus préfecture à cette époque. On sait que cette institution

[1] Je ne pense pas que la *professio censualis* de la loi de 709 ait eu le but restreint de l'*annona*, ainsi que le veut Mommsen. Sur les recensements des citoyens, à diverses époques, voy. J. Lipse, *De magn. rom.* p. 35, éd. cit.

[2] Heinnec *Ant. rom.* p. 265. — La formule de la *professio censualis* nous a été conservée dans le fragm. 2, au *Digeste, De censibus*, cité déjà par nous, *suprà*, chap. IV, p. 63, note 3. — Cf. Roth, *loc. cit.* p. 24; Willems, p. 387; Bouchaud, etc.

[3] *Inscr. Rom.* fol. 235, n° 9.

administrative était tombée en désuétude sous l'empire. Au lieu d'un *præfectus juri dicundo*, il y a un *ædilis juri dicundo*, magistrat moins élevé que le duumvir. Mais le *censor perpetuus* a également disparu du tableau des magistrats municipaux, portés au procès-verbal de la curie[1].

Qu'on me permette de constater que déjà, depuis plus d'un demi-siècle, M. de Savigny avait fait remarquer cette substitution du *quinquennalis* de l'empire au *censor* de la période républicaine, et il avait relevé des inscriptions de l'époque de transition, où le *quinquennalis* est qualifié de l'attribut *censoriæ potestatis*[2].

Il est évident que le *tribunus militum a populo* n'a pu trouver place dans la *Lex municipalis;* ni de près ni de loin, rien ne peut l'indiquer.

Il a été démontré que cette charge était antérieure à la loi de Jules César, et tous les monuments attestent qu'elle est tombée en désuétude après cette époque, loin d'avoir pu tirer d'elle son origine et son établissement.

CHAPITRE VI.

CONCLUSION.

De larges attributions administratives étaient donc accordées, sous l'empire, aux cités municipales; mais la police de sûreté, soit générale, soit particulière, tout comme la défense du sol, étaient exclusivement réservées au pouvoir exécutif, à l'empereur ou à ses délégués provinciaux. Le témoignage du jurisconsulte Paul, que nous avons invoqué ci-dessus, page 19, est décisif pour l'époque d'Auguste, et il n'est pas moins positif pour les temps qui ont suivi, jusqu'au règne d'Alexandre Sévère, sous lequel ce juriste a vécu. Je pourrais ajouter d'autres autorités, notamment celle de Dion Cassius (liv. LIV et LV); mais je me borne à renvoyer aux Notes de Schulting et Smallenburg, sur le texte de Paul. Du reste, il n'en pouvait être autrement sous un système monarchique, comme celui de l'empire romain. C'est à cette pensée d'Au-

[1] Orelli, 3787, et aussi dans Mommsen, *Insc. neap.* n° 6828. Le marbre est aujourd'hui à Naples. Voy. *sup.* p. 52-53.

[2] T. I, ch. II, de son *Hist. du dr. rom. au moyen âge.*

Je ne veux pas terminer cet *excursus* sur la *Lex municipalis* sans indiquer une thèse de doctorat de M. Dareste fils, où il est fait un usage habile des fragments qui subsistent de la loi de 709, relativement aux *travaux publics.* Paris, 1875, in-8°.

guste qu'est due la création d'un *præfectus Vigilum* à Rome; et Juste Lipse a judicieusement remarqué que ces *Vigiles* n'étaient point *inter justos milites habiti* (sur Tacite, *Ann.* IV, 5). Les corps municipaux n'en étaient pas moins responsables envers l'État de tout désordre commis dans leurs cités, comme ils étaient garants du payement des contributions publiques. C'est le cachet du régime municipal romain. Nous n'avons pas à traiter spécialement de cette garantie des curiales, mais on sait quels en furent, sous le bas empire, les funestes résultats. Quant à l'entretien d'une force armée régulièrement organisée, il a été certainement interdit dans les cités municipales. Cependant, à l'exemple des *Vigiles* de la capitale, dont Paul nous a laissé l'histoire et dont nous possédons les *Latercula* publiés par Kellermann, quelques villes ont pu se donner des *Vigiles* municipaux. Leurs officiers se nommèrent peut-être *Tribuni vigilum*, jamais à coup sûr *Tribuni militum*. La propriété rigoureuse de la langue latine s'y refusait. (Voy. Kellerm. p. 29 et 79.)

Et maintenant serait-il vrai que la question ait été illuminée d'un jour tout nouveau par la découverte de la loi coloniale de *Genetiva*? Je crains que ce ne soit encore une illusion, et peut-être ne me sera-t-il pas trop difficile de le prouver. Le siége de la difficulté étant dans le chapitre CIII de la loi espagnole, il faut en rappeler le texte; on me permettra d'en reproduire ma traduction.

Lorsque, dans la colonie de *Genetiva*, la majorité des décurions présents aura décidé qu'il y a lieu d'armer et de mettre en campagne les colons, résidents ou agglomérés, pour défendre le territoire de la colonie, tout duumvir ou préfet préposé à la justice, qui aura reçu le commandement de ces citoyens armés, aura le droit de faire exécuter le décret de la curie, sans encourir aucune responsabilité. Le duumvir, ou celui qu'il aura préposé au commandement, exerceront les mêmes droits et le même pouvoir disciplinaire qui sont accordés au tribun militaire dans l'armée romaine, et ils seront à l'abri de toute recherche, pourvu qu'ils se renferment dans les limites du mandat que leur aura donné la majorité des décurions.

Pour l'intelligence de ce texte, le souvenir des circonstances au milieu desquelles a été fondée la colonie de *Genetiva* nous est d'un secours indispensable; et un document de grande autorité doit, à cet égard, nous servir de guide spécial; je veux parler du fragment *De bello Hispanico*, attribué à César lui-même, mais à coup sûr sorti de la plume d'un contemporain bien instruit des affaires de son temps. Nous y voyons que les derniers Pompéiens avaient fait de la région où dominait la vieille cité d'*Ursavo*, transformée par César en *Genetiva*, le camp retranché de leur insurrection contre le dictateur; le pays, étroitement engagé par alliance avec la ville de Munda, foyer de la révolte, opposa la plus vive résistance aux troupes de César, et la ville d'*Ursavo* ne se soumit qu'après un siége mémorable, où le courage ne valut point aux vaincus la générosité du vainqueur. *Ursavo* perdit son territoire et son nom, que la postérité plus juste lui a rendu plus tard. La colonie militaire de *Genetiva* fut colloquée sur les ruines d'*Ursavo*, comme en un poste avancé, comme dans une forteresse de la dictature triomphante, et les anciens propriétaires furent dépouillés de leurs terres, en tout ou en partie, pour former la dotation de la colonie.

Les colons de *Genetiva* se trouvèrent donc établis en plein pays ennemi, entourés d'anciens insurgés qui n'attendaient peut-être qu'un moment favorable pour reprendre l'offensive; et la colonie était évidemment exposée non-seulement à quelque brusque et nouvelle attaque, mais encore aux dévastations accidentelles du brigandage, inévitable cortége de la guerre civile, de la proscription et de la révolte, que la victoire de *Munda* n'avait qu'imparfaitement étouffée. Telle a été la situation géographique et politique de la colonie de *Genetiva*, au moment de sa fondation, et à l'époque de la loi constitutive qui lui fut donnée. On sait que l'une et l'autre ont précédé de peu de temps la mort de César. Le Gouvernement romain avait donc prévu le cas où cette colonie aurait à lutter contre quelque insulte imprévue des bandes dispersées de Sextus Pompée, ou des habitants spoliés et réfugiés dans les montagnes, non encore réduits à une soumission définitive. Voilà l'explication naturelle et véritable d'une disposition toute spéciale du statut organique de la colonie. Le chapitre CIII a traduit en texte de loi une nécessité de situation; c'est une mesure exceptionnelle de défense, dictée par la prévoyance romaine, et appliquée à des circonstances particulières. Les motifs de la loi se révèlent par son texte : «Quicumque... «duumvir præfectusve... colonos, incolasque contributos... coloniæ, «finium tuendorum causa, armatos educere censuerint, etc.»

Il fallait qu'il y eut une menace d'invasion ou d'incursion hostile, pour que les magistrats de la colonie eussent le droit d'appeler les colons aux armes. Mais on exigeait plus encore; le danger devait être constaté par le conseil colonial, et la décision de la majorité des décurions pouvait seule rendre l'appel aux armes obligatoire : «quod major pars qui tum «aderant decreverint, id sine fraude facere liceto.» Suit l'application momentanée, à ce bataillon improvisé, des règlements de la discipline militaire. Le duumvir, ou préfet commandant, était loin d'avoir sur cette troupe le pouvoir suprême de l'*imperator* romain, pouvoir qui comprenait le droit de vie et de mort, et toutes les mesures rigoureuses de la coercition personnelle. Le magistrat commandant, ou celui qu'il avait préposé au commandement, n'avait, en ce cas, que le pouvoir disciplinaire conféré par le droit romain au *tribunus militum*, lequel n'étant, dans la hiérarchie, et par rapport à l'*imperator*, qu'un magistrat inférieur, ne pouvait infliger que des peines pécuniaires et de légères corrections personnelles, ce qui était en harmonie avec le pouvoir normal des magistrats municipaux : « Eique duumviro aut quem præfecerit, idem « jus eademque animadversio esto, uti tribuno militum... in exercitu « populi Romani; » et encore fallait-il que, dans l'exercice de ce pouvoir disciplinaire restreint, le commandant d'armes fût resté dans les limites du mandat à lui donné par le décret des décurions; « idque jus potestasque esto, dum id quod major pars decurionum decreverit, fiat. » Ainsi le gouvernement romain avisait aux nécessités de la situation des colons, mais il maintenait en même temps le pouvoir colonial dans les limites de sa condition première et subordonnée : condition parfaitement connue, et fixée, pour le civil comme pour le pénal, par des documents incontestables.

Voilà l'esprit et la portée unique de l'article CIII du statut colonial de *Genetiva*. Il n'y a rien là qui, le moins du monde, puisse contenir le germe de l'institution d'un tribunat militaire régulier dans les colonies et municipes. Ou je me trompe étrangement, ou bien il faut y voir tout le contraire. Le chapitre CIII est, du commencement à la fin, exceptionnel, et le nom lui-même d'*a populo* n'y trouverait pas sa justification, puisque le décret de la curie seulement conférait le pouvoir et en limitait l'étendue. Il a fallu l'intervention de la loi pour donner un droit militaire quelconque aux magistrats coloniaux. C'était, en effet, une exception au droit public romain. D'où la conséquence que partout où l'exception n'était pas consacrée, le droit commun prédominait. Quel était ce droit commun ? Le pouvoir exclusif pour le gouvernement suzerain, au temps de la république, pour le gouvernement central, ou ses délégués gouverneurs de province, au temps de l'empire, le pouvoir exclusif, dis-je, de faire des levées d'hommes, d'armer les citoyens ou les cités, et de diriger des opérations militaires. Ces principes sont élémentaire en droit public romain, et on les trouve écrits partout. Ce qu'on pourrait tout au plus inférer du chapitre CIII, c'est que les colonies placées dans des situations identiques à celle de *Genetiva* ont pu obtenir le même droit extraordinaire; mais, jusqu'à présent, on n'en trouve aucune preuve, et cela s'explique par la jalousie toute naturelle du pouvoir central romain. Le soupçon que la loi de *Genetiva* soit un fragment de la *Lex Julia municipalis* est une idée ingénieuse, mais il est purement gratuit, et rien n'en autorise la supposition.

Conclure donc d'une disposition accidentelle et unique à l'établissement normal d'un *tribunus militum a populo*, dans tous les municipes, et surtout dans les villes d'Italie où ils étaient inutiles, les seules cependant où la trace s'en retrouve, même dans des villes de plaisir comme Pompéi, c'est, il me semble, outre-passer les libertés de l'induction.

Que cette loi coloniale ait créé une analogie momentanée, exceptionnelle, entre la *potestas* des *tribuni militum* et celle des magistrats supérieurs de la colonie de *Genetiva*, je l'accorde. Mais l'*a populo* n'a rien à faire ici, puisque le *populus* de la colonie n'intervenait ni dans la collation du pouvoir tribunitien au magistrat colonial, ni dans la détermination des causes qui pouvaient faire conférer un pouvoir militaire au même magistrat. Les décurions de l'*ordo* avaient seuls qualité pour statuer dans ces derniers cas, c'est-à-dire pour voter la prise d'armes, et pour régler les conditions de l'expédition à diriger, ou même pour modifier l'exercice du pouvoir duumviral pendant l'expédition. La loi de *Genetiva* maintenait donc le pouvoir colonial dans les limites du droit commun, quant à son étendue, à sa compétence et à ses attributions de police. L'*a populo*, dans l'application de la loi de *Genetiva*, est un non-sens, car c'est l'*ordo* qui règle tout; à tel point que, si le duumvir n'était, par hasard, au cas de prise d'armes, que l'exécuteur d'un ordre du gouverneur provincial ou du chef militaire des Romains, et n'obéissait qu'aux injonctions directes de ces derniers, au lieu d'obtempérer à une délibération de l'*ordo*, le duumvir n'avait pas, dans ce cas, les pouvoirs d'un *tribunus militum*, à n'en juger que d'après le texte de la loi. L'ordre de service, ou la délégation, lui mesuraient alors l'étendue de ses attributions.

Aussi ne suis-je pas étonné que nulle part, soit à Rome, soit à Berlin, soit en Espagne, soit en Autriche, où la découverte des bronzes d'Osuna a provoqué des publications remarquables, le rapprochement du chapitre CIII avec les *tribuni militum a populo* n'ait point frappé les esprits. M. Naudet m'a donné sur ce point l'appui de son autorité.

En résumé, je crois avoir démontré, par les monuments de l'histoire et par le témoignage des érudits les plus autorisés, l'identité des *tribuni comitiati* d'Asconius et des *tribuni militum a populo* de l'épigraphie. Il avait été dit qu'il ne saurait être question de tribuns romains électifs, dans les inscriptions, *parce qu'elles étaient postérieures au temps où le pouvoir d'élection fut enlevé au peuple*. J'ai prouvé, ce me semble, qu'elles étaient toutes d'une époque où le droit électoral subsistait encore. Il avait été dit que le tribunat militaire *a populo* était né dans les municipes, et j'ai prouvé qu'il était mort quand les municipes se sont développés sous l'empire. Avec le système des armées permanentes, qui fut celui d'Auguste et de ses successeurs, l'élection jadis annuelle des *tribuni militum* a dû graduellement tomber en désuétude, *in disuso*, comme dit Borghesi. Quelques élections ont pu encore avoir lieu accidentellement, selon que le retour momentané aux traditions du passé a trouvé plus ou moins de complaisance ou de faveur. Mais l'application positive de l'ancien tribunat militaire électif n'a plus trouvé place dans un ordre de choses où la faveur du prince était le principe du gouvernement, et où l'organisation militaire devenait de plus en plus spéciale, technique et systématique. Quant au régime municipal en vigueur sous la république ou sous l'empire, il ne comportait pas la coexistence d'une force militaire, en face de la milice de l'État.

L'épigraphie, dont aucun monument postérieur au siècle d'Auguste ne mentionne les *tribuni militum a populo*, n'autorise donc pas l'hypothèse que les municipes aient recueilli, pour leur compte, une institution que l'État romain abandonnait pour lui-même, et qui avait dégénéré forcément en un vain titre, puisqu'il n'y avait plus de renouvellement annuel de l'état-major de l'armée.

Une innovation de cette importance aurait frappé l'attention, et il en resterait vestige quelque part. La police intérieure des cités avait d'autres vues, d'autres moyens, que le tribunat militaire de la république romaine. L'établissement d'une force de guerre dans les municipes italiques eût été un danger pour le municipe suzerain, et Rome ne l'eût pas permis : tout ce qui s'est passé depuis les lois Juliennes en est la preuve. Quant aux municipes extra-italiques, nous les trouvons constitués sur le pied du Latium, à leur époque la plus florissante, sous les Flaviens; un tribunat militaire établi dans leur sein aurait battu en brèche le pouvoir et l'influence des gouverneurs de provinces, et l'intérêt de l'empire était trop opposé à l'amoindrissement de ce grand pouvoir, pour que l'empire ait pu favoriser, dans cette voie, le développement de l'indépendance municipale. Aussi aucun monument, soit épigraphique, soit littéraire, de l'époque postérieure au haut empire, ne permet-il de penser que, nonobstant cette opposition de l'intérêt impérial, les municipes se soient agrandis sur ce terrain.

Enfin la loi de *Genetiva*, vue de près, n'a rien de contraire aux conclusions précédemment posées, et l'on ne peut saisir, soit dans son texte, soit dans ses conséquences ultérieures, le germe de l'intrusion prétendue d'un tribunat militaire électif, dans la constitution municipale des provinces.

J'accorderai cependant que, vers la fin de l'empire, et surtout après sa chute, la confusion des pouvoirs, la subversion administrative et le trouble de toutes les idées ont pu introduire dans les administrations locales, dans les centres anciens des provinces et dans les grandes villes, des titres de fonctions municipales empruntés à la hiérarchie impériale. Mais, sous le haut empire, ou à l'époque de transition entre la république et l'empire, il n'en fut rien. Tout était encore à sa place, à cet égard, au VIIIe siècle de Rome; et l'ordre municipal ne se confondait jamais alors avec l'ordre général de l'administration romaine proprement dite; chacun de ces divers services avait sa terminologie propre. Le gouvernement central eût été courroucé de pareils empiétements, et l'indépendance locale en eût même éprouvé de l'embarras. Il y eut donc des titres réservés à l'administration romaine, et des titres abandonnés à la liberté municipale. La distinction fut surtout maintenue dans l'ordre militaire. Au commencement du moyen âge tout fut, au contraire, confondu. Il y eut même des *tribuni voluptatum.*

Ainsi l'on rencontre, dans les *formulæ Andegavenses*, un *magister militiæ*, qui est un fonctionnaire attaché à la curie d'une ville provinciale. Aucune qualification de ce genre ne se rencontre dans l'épigraphie du régime municipal classique. A cette époque du moyen âge, Rome se souvint quelquefois qu'elle avait été le siége du plus grand municipe de l'antiquité. Les formules du *Liber diurnus* (VIIe au VIIIe siècle) nous ont conservé la mémoire des *magnifici tribuni militiæ* de la cité pontificale. Mais, outre que la chose se passait à Rome, ce qui est un cas à part, on ne peut conclure, de cet emprunt local au vocabulaire de l'ancienne hiérarchie militaire de l'empire, qu'il en ait été de même, au premier siècle, dans tous les municipes du vieux monde romain. L'ordre municipal avait, au premier siècle, son *orbis* particulier, qui ne se confondit pas avec l'*Orbis romanus;* témoin l'administration de la justice. Il en fut de même de l'administration de l'armée. La police locale appartint aux municipes, mais la hiérarchie militaire fut réservée à l'administration impériale.

Depuis que j'ai reproduit dans le *Journal des Savants* (mai 1874), et à part, sous le titre des *Bronzes d'Osuna*, in-8° de 39 pages, le texte annoté de la loi coloniale de *Genetiva*, M. Mommsen et M. Hübner ont publié dans l'*Ephemeris epigraphica*, vol. II, 3e fascicule, p. 221 et suivantes, une nouvelle recension du texte qu'ils avaient publié une première fois dans le même recueil (2e fascic. de 1874), et dans lequel s'étaient glissées quelques très-légères imperfections. Une plus rigoureuse exactitude typographique distingue la *recognitio* des deux savants épigraphistes. Mais, au point de vue historique, rien n'est changé; seulement, les leçons admises dans la première édition sont mieux justifiées. Nous avions suivi ces leçons, proposées qu'elles étaient par une critique aussi autorisée; de sorte qu'à l'exception d'une ou deux corrections de médiocre importance, nous n'avons rien à changer nous-même au texte que nous avons livré au public; nous bornant à indiquer ici ces corrections, dont nous tenons compte pour l'édition que nous publions, à titre de *supplément* de notre *Enchiridion juris romani*, Paris, 1875, in-12, chez Cotillon.

Voici les deux corrections :

1° Au chapitre XCV, *med.*, au lieu de : *Si II vir praefectus ve qui eam rem colonis petet*,

On propose de lire : *Si II vir praefectus ve qui ex re coloniae petet*, c'est incontestablement préférable.

2° Au chapitre CXXXIII, au lieu de : *Virique parento*, leçon douteuse, bien qu'elle soit conforme à la gravure du bronze,

On propose de lire : *Aeque parento*, ce qui serait plus régulier et plus correct.

TABLE DES MATIÈRES.

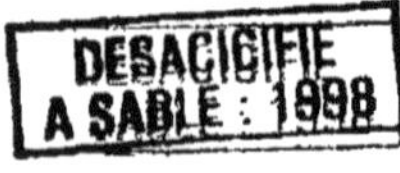

www.ingramcontent.com/pod-product-compliance
Ingram Content Group UK Ltd.
Pitfield, Milton Keynes, MK11 3LW, UK
UKHW020241220726
13923UKWH00002B/770

9 782019 263386